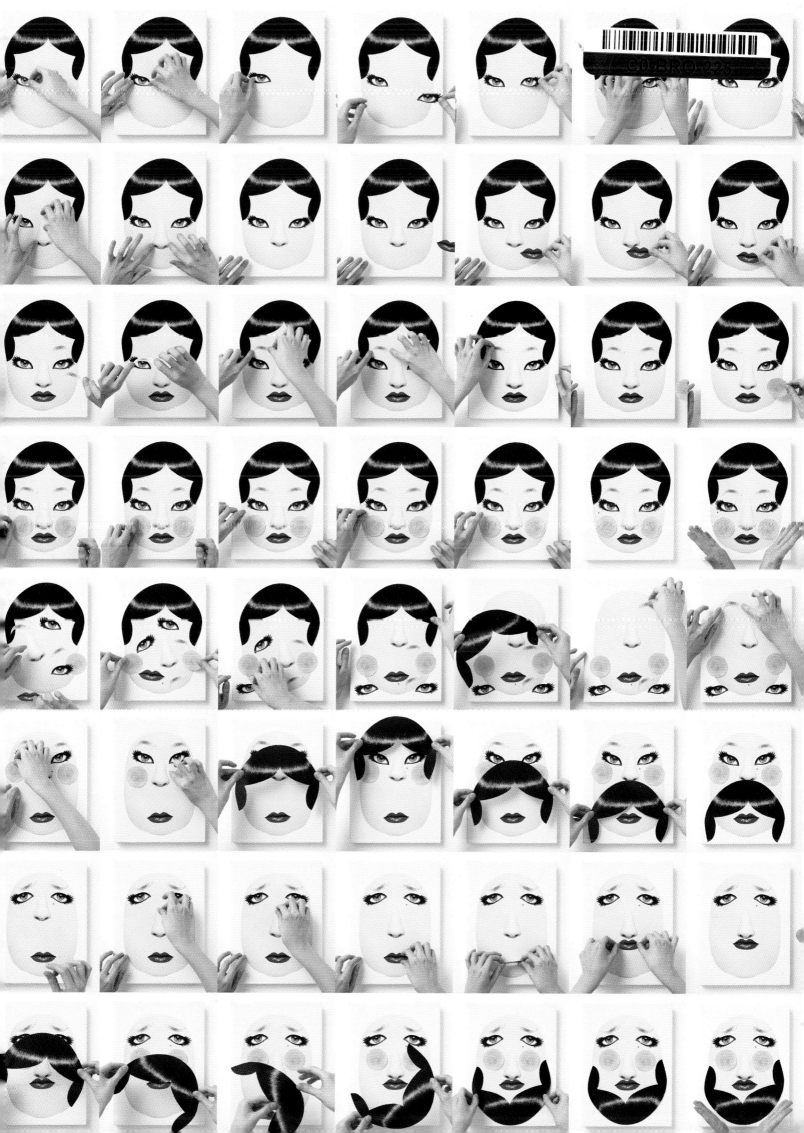

ナ

デザイン

Eye-
Catching
Graphics

Eye-Catching Graphics

PIE International Inc.
2-32-4, Minami-Otsuka, Toshima-ku, Tokyo 170-0005 Japan
sales@pie-intl.com

もくじ Contents

はじめに

「しかけ」と聞いて、どんなイメージを思い浮かべるでしょう？
開くと飛び出す特殊な製本や、絢爛豪華な装飾が施されたパッ
ケージ、大々的な広告キャンペーンなど、どちらかというとダ
イナミックなイメージが強くて、「楽しそうだし、大好きだけど、
お金がかかるから自分の仕事とは関係ないや…」そんな風に感
じる人も多いかもしれません。

本書で取り上げているのは、印刷加工の技術的なポイントでは
ありません。加工の有無、対象物の形態やその大小を問わず、
視点や表現方法の面白さにスポットをあてています。考え方の
プロセス、商品の見せ方、コンセプトの打ち出し方、レイアウ
トの工夫など、作品ごとに本書で言うしかけの観点は異なりま
すが、それぞれに「なるほど！」と思わせるポイントがあります。

秀逸なアイデアを生み出す鍵は、潤沢な予算ではなく、ちょっ
とした発想の転換や消費者への思いやりなど、意外なところに
あるようです。
本書が読者の皆様のお仕事やクリエーションの一助になります
ように！

編集部

Upon hearing the word 'eye-catching', what sort of design springs to mind? Binding that makes pages pop up when opened? Packaging with glitzy or gorgeous embellishments? Splashy large-scale advertising campaigns? Most people envision something dynamic, but many then find themselves thinking, 'that sort of design is great fun, and I love it, but it is far too costly for the of projects I do!'

This collection looks at eye-catching design not from the standpoint of fancy techniques. Irrespective of what size or shape the piece takes, or how it is printed or finished, we spotlight the fun and interest of the perspective and expressive approach reflected in its concept. The thinking process, the way the product is shown, the way the ideas unfold, innovative lay out ... the works presented herein differ tremendously in the devises used to make them eye-catching, but all have one thing in common: the ability to provoke an aha!

Superb ideas don't necessarily stem from a generous budget; they often find their sources in the most unexpected of places: a slight shift in thinking, consideration for the user....
It is our hope that this book will be an inspiration to our readers' creative endeavors, whatever they may be.

Editorial Department

Forward

Editorial Notes

エディトリアルノート

Credit format

クレジットフォーマット

1 ──┌ 「1c印刷＋箔」のベーシックな
    │ 印刷加工も、デザインの工夫で
    │ 立体感のある不思議な雰囲気に。
    └ Basic 1C offset + foil stamping, through clever design,
      takes on an uncanny three-dimensionality.

2 ──[「レゾナンス 共鳴」美術展カタログ
3 ──[CL：サントリーミュージアム［天保山］　AD, SB：大島依提亜

1. しかけのポイント　Points
2. アイテム名　Items
3. スタッフクレジット　Staff Credit

CL：クライアント　Client
CD：クリエイティブ・ディレクター　Creative Director
AD：アート・ディレクター　Art Director
D：デザイナー　Designer
I：イラストレーター　Illustrator
CW：コピーライター　Copywriter
P：フォトグラファー　Photographer
DF：デザイン会社　Design Firm
A：代理店　Agency
SB：作品提供者　Submitter

上記以外の制作者呼称は省略せずに掲載しています。
All other production titles are unabbreviated.

Eye-trick

だます

Damage

よごす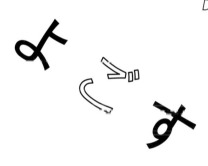

Rip

やぶく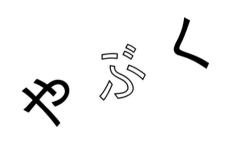

平面なのに立体に見えたり、
本物みたいにリアルだったり、
意外な視覚効果を利用した
デザインには、工夫がいっぱい。
存在感がキラリと光る
インパクトのある作品を
ご紹介します。

グサッとくるものの蓄積が、
「いざ」というとき、助けてくれる!?

近藤ちはる　Chiharu Kondo

Profile
1978年生まれ。02年東京造形大学造形学部デザイン学科卒業、同年ウルトラグラフィックス入社。05年JAGDA新人賞受賞。主な仕事に、コカ・コーラグローバルキャンペーン、LAWSON「おにぎり屋」「からあげクン」などの広告やパッケージデザイン、ドラマ、映画、劇団関連のポスターやパンフレットなど。

その存在があるべきカタチを

——この章では主に、意外な視覚効果を利用したデザインをご紹介しているのですが、「ちょっと気になる 芸術工学」のポスターは、ブラインドの影が映り込んでいて、まるで自分が研究室にいるような気持ちになりますね。そのリアリティがとても面白いと思いました。

制作のお話を伺いたいのですが、まずこの「芸術工学」という言葉自体、耳に馴染みのないものですよね？

そうですね。お話をいただくまでは私自身も具体的にどのような研究をされているのか分かりませんでした。この展覧会自体、大学の研究発表というアカデミックなもので、「芸術工学」という言葉には固い印象があるのでやわらかいものにしたい、という要望が大学の方からあったんです。そこで「芸術工学」の文字自体をデザインしてみたり、そこで出てくるようなイラストを付け加えてみたり。それらをすべて手描きにして、体温や人間の存在を感じられるものにできればと考えました。

——この作品で特に苦労したところはどういったところでしたか？

ビジュアルがないことですね。「芸術工学」と聞いても誰もがイメージできる象徴的なものがないということです。クライアントさんとの打ち合わせはとても重要で、何を求められているのか、その根拠は何であるのか理解するようにしています。そうでなければ、どういった表現にすればいいのかわかりません。この「芸術工学」では、話し合いをして「やわらかさ」や「温かさ」をカタチにしていけばいいんだ、と考えました。そこで手描きでそれらを表現していき、プレゼンの時にはある程度まで最終的なカタチになっていたんです。この案で進めることが決まってから、さらにもう一歩踏み込めたらと考えていると、ふと空間を感じさせたいという欲求がわきました。

人間が生活する空間の様々なところに「芸術工学」があります。つまり、人の存在は「芸術工学」につながるはず。そこでもう一度、「芸術工学」、そして「芸術工学」がある空間について考えてみたんです。自分が実際研究室にいる気分になって、その空気の中で細部まで目を凝らす……とあくまでも想像ですが、ポスターが実際に研究室に貼られている空間を想像し、デザインに反映してみました。ブラインドの影が落ちていて、画びょうで留められていた跡があってという要素を付け加えて、と。最終的に「研究室を見たことあるの？」と言っていただけました（笑）。全体のトーンをまとめることで、イメージをしっかりビジュアルにすることができました。

——芝居「NOMAD 恋する虜」のポスターやチケットもパッと目を引く特徴的なデザインになっていますよね。

通常、あらかじめ完成された台本に基づいての制作になりますが、このお芝居に関しては、1930年代の上海租界から現代までという過去を意識したお話で……というくらいしか最初の打ち合わせで決まっていませんでした。お芝居の台本が完成していくのと平行して、制作物も作っていくという感じでした。「虜」の文字を牢屋のようにするなど、タイトルロゴは最初の打ち合わせの時にはイメージできていましたが、後は打ち合わせしながら確認、修正していくという流れでした。早い段階から関われたことで全体のコンセプトが強くなったと思います。こちらが提案したことにお芝居が影響を受けるようなこともありましたし。

——お札をかたどったチケットも印象的ですよね。

チケットはお客さんが必ず劇場に持ってくる、という特徴のある媒体です。お芝居の中でもお札は重要なアイテムとして登場するものですし、お話と現実をリンクさせようと提

ポスター

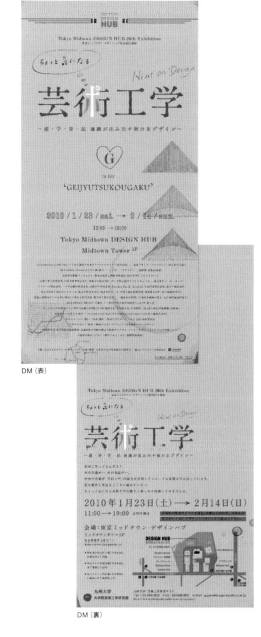

DM（表）

DM（裏）

ポスターにはブラインドから差し込む光や画鋲のあと、DM
には珈琲カップのシミなど、研究室の空間をリアルに切り取っ
たようなデザインに。

「ちょっと気になる 芸術工学」展　告知ポスターとDM
AD, D: 近藤ちはる　　DF, SB: ウルトラグラフィックス

案しました。設定として、そのお札は植民地
の中でだけ使われていたもので、解放軍が不
許可のハンコを押して使用できないようにし
たというエピソードがありました。だからお
札はピカピカであるはずがない。たくさんの
物語を経てただの紙切れになったお札はきっ
としわクチャで、雨のにじみがあったりする

はず。その存在があるべきカタチにしようと
考えると、それまでいろいろ考えてきたイメー
ジをすんなり飲み込むことができました。印
刷で汚れやにじみを入れて、刷り上がったチ
ケットを水に浸してしわクチャにしました。
お客さんの手に渡るものを汚すのは考えにく
いことですが、劇団の方とイメージを共有で

きていたので、受け入れていただけました。
──先の「芸術工学」のポスターも「NOMAD
恋する虜」のポスターやチケットも「存在」
がデザインに強く影響しているということで
すね。

そうですね。「芸術工学」のポスターは想
像を、「NOMAD 恋する虜」のポスターやチ

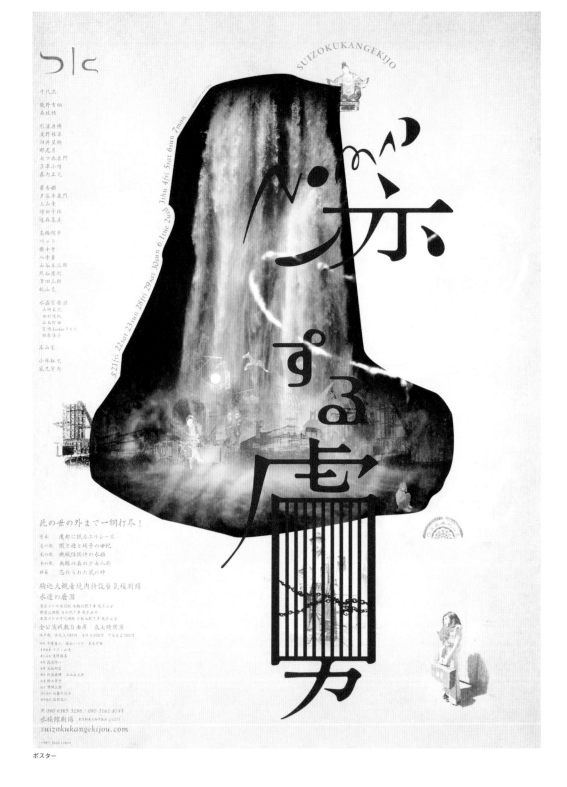

ポスター

ロゴの「虜」の部分は文字通り、牢屋の
ようなイメージに。お札型のチケットは、
印刷した後、水に浸して文字をにじませ、
さらに手でくしゃくしゃにシワ加工。手に
取った人がはっとするリアリティを演出。

「NOMAD 恋する虜」演劇告知ポスターとチケット
AD, D: 近藤ちはる　DF, SB: ウルトラグラフィックス

チケット

▼その他の作品はこちら

P.034　　　　　P.036　　　　　P.124　　　　　P.134　　　　　P.147

ケットはでき上がっていく台本を元にそのものの「存在」は意識していますね。でき上がった時に、そのものが持つストーリーや背景を感じられるといいな、と思っています。その結果が、印刷されているブラインドの影やしわクチャで本物みたいなチケットなど、この本でいうところの「しかけ」になるんでしょうね。最初から意気込んで「しかけ」を組み込んでやろう！　とは思っていないんですけどね。

──結果としての「しかけ」なんですね。

ケース・バイ・ケースです。私の中に決まりきったデザインの方程式はありません……。前回、うまくいったからとその時の方法論を元に進めていくと、うまくいかないことのほうが多いですし（笑）。いつも新しいものを求めてあがいていますよ。お話をいただいた時から完成まで、ずっとテンションを高く保ったままでいられるお仕事もあれば、全然ひらめかずに、迷ってばかりの時もあります。試行錯誤を繰り返して、どうしようと思っている時が一番多いですね（笑）。ただ、そういう風に苦しみが多ければ多いほど、コンセプトがしっかりした作品を残すことができているように思います。しっかりした根拠があれば、対象についても深く考え抜くことができます。結果として存在を表現する際に

「しかけ」が生まれるのではないでしょうか。

──「しかけ」は自然なものなんですね。その「しかけ」はどこから生まれるのでしょう。近藤さんはどんなものに刺激を受けているんですか？

そうですね、でき上がった作品などから刺激を受けることもありますが、それだけではないですよね。例えば、お弁当を買おうと事務所を出て街を歩いている時に、ふと足が止まることはありますよね。それは建物の色と植木鉢の色の組み合わせだったり、さまざまなものだったりするのですか。いつも目にしているはずなのに、足が止まるのは気になるからで。何かしらが原因して、そのものに対する視点が変わったからかもしれません。よし、展覧会に行くぞ！　と思って足を運んでも、私の場合、あまりそういった「何だか気になる」という経験はなかなかできません。思いもよらず、グサッと自分の中に入ってくるものを常に意識して、探すようにしています。そし

く気になる景色やものがあれば、なぜ自分は気になるんだろう？　と分析するようにもしています。でも仕事に入ると対象のことばかり考えて、そういう経験も少なくなってくるんですけどね（笑）。仕事のためにということではなく、常に自分の心をニュートラルに保って、できるだけ遠くにあるものから世界を感じるように意識してつとめています。

──近藤さんのアイデアはそこから生まれるんですか？

言葉で言うほど簡単にはいきません。締め切りギリギリくらいのほうがアイデアはいっぱい出ますし（笑）。ある時突然「これだ！」という自分の中での小さな正解が出てくる感じです。たぶんグサッと入ってくるものの蓄積がそこで出てくるのでしょうね。私の場合、それらが結果として「しかけ」を生み出す素になっているように思います。

「1c印刷＋箔」のベーシックな
印刷加工も、デザインの工夫で
立体感のある不思議な雰囲気に。

Basic 1C offset + foil stamping, through clever design,
takes on an uncanny three-dimensionality.

「レゾナンス 共鳴」美術展カタログ
CL：サントリーミュージアム［天保山］　AD, SB：大島依提亜

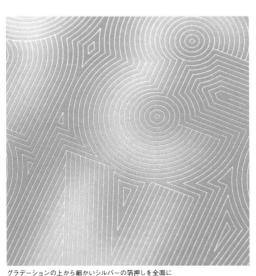

グラデーションの上から細かいシルバーの箔押しを全面に

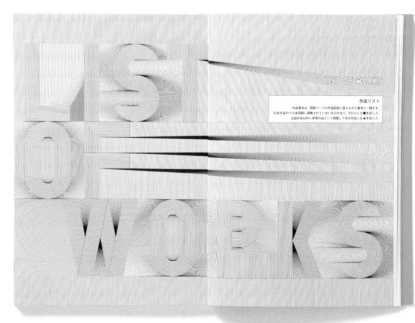

TRANSCLUB #10 : LE 07 NOVEMBRE 2009

WARM UP BY :
WINNER LOUISE

MONDKOPF,
CITIZEN (FR)
FAIRMONT & JORI
BORDER COMMUNITY (CAN)
HULKKONEN !
TURBO (FIN)

✓ MYSPACE.COM/MONDKOPFONTHEMOON   ✓ MYSPACE.COM/JAKEFAIRLEY   ✓ MYSPACE.COM/JORIHULKKONEN

LE **07 NOVEMBRE** - 23H00 À 05H00 - AU TRANSCLUB - LE TRANSBORDEUR, 3 BD STALINGRAD. 69100 LYON VILLEURBANNE. CONTACT : +33(0)4 78 93 08 33
PLACES DISPONIBLES CHEZ FNAC ET SUR FNAC.COM - TARIF : **12€** (+ FRAIS DE LOC.) EN PRÉVENTE. **15€** SUR PLACE. N° LICENCE :1-141696, 2-142336, 3-142336

WWW.MYSPACE.COM/TRANSCLUB
WWW.LETRANSCLUB.FREE.FR

NE PAS JETER SUR LA VOIE PUBLIQUE - POSTER DESIGN BY BASTARDGRAPHICS.COM

折り目の角にあたる部分　　文字の中など細部にも同様に印刷

フェイクの「折り目」を
グラデーションの印刷で表現したポスター。
Printed gradations give this poster a 'folded' image.

イベント告知ポスター
CL：TRANSCLUB　CD, AD, D, CW：Julien Rivoire　DF, SB：Bastardgraphics

単純な平面印刷（折りなし）も
配色次第で立体感を演出できる！

Use of color alone can give a flat printed piece (no folds) this degree of dimensionality!

Menus Bica do Sapato / メニュー

CL：Bica do Sapato　SB：ALVA

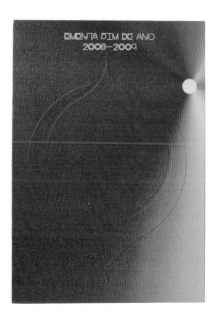

「まるで光が差し込んでいるよう」
（本当は穴もフェイクです）な
印象的なグラデーション使い。

Impressive use of gradations creates the effect of light
pouring through a hole (that too an illusion!) in the
paper.

Menus Bica do Sapato / メニュー
CL：Bica do Sapato　SB：ALVA

表1

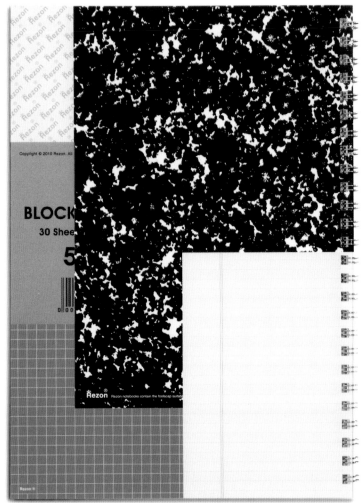

表4

6種類の既存の文具が合体！
好きなところに好きなように書ける
マルチなノート。

A multiple notebook combining six different standard
notebooks gives users the freedom to write what they like,
where they like.

MULTI NOTEBOOK
CL：レゾン　AD, D：カワムラヒデオ　DF, SB：カワムラヒデオアクティビィティ

中面

「続々と届いたファンレター」のイメージを
1枚のDMで表現。

The image of a host of fan letters combined into a single-sheet direct-mail promotion.

ファンレターが届く会社になろう。/ 商品販促用DM
CL, A, SB：ワイキューブ　CD, CW：伊藤英紀　AD, D：佐藤亮平　P：三浦希衣子
Director：安藤剛平（Y-CUBE）／田邊宏明（Y-CUBE）

AvPlu

Chapter Five
Vijfde Hoofdstuk

In which mention is made of a Moving Floor, an Indian
Summer Christmas tree and Twenty-five Identical Clocks

Waarin sprake is van een Bewegende Vloer, een
Nazomer-kerstboom en Vijfentwintig Identieke Klokken

'Hier wordt de spot gedreven met de heiligste gevoelens van een
groot deel van het Nederlandse Volk. Wordt het geen tijd dat de minis-
ter het te weten komt? Anders moeten de kerken er maar iets aan gaan
doen!'
Bovenstaande regels zijn van dominee L.L. Blok. Ze werden in het
najaar van 1969 afgedrukt in het krantje 'Hervormd Amsterdam'.
Het ging ditmaal niet om een kwetsend tv-programma, maar om een
kunstwerk. Een tijdelijk kunstwerk van Wim T. Schippers.
In september 1969 verrees aan het Amsterdamse Leidseplein, vlak
voor Americain, een groot formaat kerstboom, fraai opgetuigd met
slingers en ballen. Er was een grijze vlag naast gezet, maar die viel
wat minder op. Eigenlijk was het de bedoeling dat de naaldboom
midden in de zomer zou worden geïnstalleerd, maar dat werd als wer-
kelijk misplaatst beschouwd; september kon nog nét. 'In fantasieloos
Rotterdam of Den Haag zou zo'n voorstel natuurlijk terstond van de
hand zijn gewezen. Zo echter niet in het pulserend, swingend
Amsterdam', mopperde Het Vrije Volk.
Twee jaar later was het Rembrandtsplein aan de beurt. In het zomerse
gazon werden vijfentwintig identieke stadsklokken neergezet, die ook
allemaal dezelfde tijd aangaven. Verder werd het plein opgesierd met
vierentwintig lichtbakken die de richting aangaven naar onder meer
'Darkanivap', 'Bugpeh', 'Knetten', 'Driehelb' en 'AvPlu'. Sommige
mensen vonden het wel aardig, maar bij anderen veroorzaakte het pro-
ject verwarring en woede. Zo werd er veel geklaagd over de zinloos-
heid ervan - 'ze lijken wel gek bij de gemeente' - en het vele 'verspilde'
geld dat ermee gemoeid zou zijn. Dat laatste viel overigens wel mee,
want er was gewerkt met bestaand materiaal en na afloop, eind sep-
tember, waren de klokken weer op andere plaatsen te gebruiken.

Kennelijk mag kunst wel wat kosten, maar dan moet het er ook als
zodanig uitzien. In elk plantsoen staat wel een beeld. Ook in het
Amsterdamse water drijft veel kunst. Artistiek vormgegeven 'lichtlij-

238

シートで隠して、2カ国語で読める
バイリンガルな本。

In this book a minor graphic design problem, integration of Dutch and English text,
was resolved with a typical Schippers panache. The two languages are super imposed in
two colors, red and green, with colored transparent sheets enclosed to make
the respective texts legible.

The best of Wim T.Schippers / ブックデザイン
CL : Centraal Museum　D, DF, SB : Thonik

HETHE
BESTE
VAN OF
WIM T.
SCHIP
PERS

HARRY RUHÉ

mizu
kagami

展示会のキーワード「鏡」
に合わせて、映った姿で
解読できるダイレクトメール。

A direct-mail announcement with information only
readable in mirror image, reflecting the exhibition's
keyword: 'mirrors'.

展覧会「ミズカガミ」DM
AD, SB：長嶋りかこ　Printing：日光プロセス

だます・よごす・やぶく

箔押し加工でフェイクのピンを作ったら、
中とじのピンも絵柄の仲間入り。

A staple pattern created with foil stamping makes the binding staples part of the picture.

ピンとくるノート
CL, DF, SB：札幌大同印刷　AD, D：岡田善敬

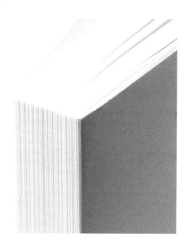

どのページも皆大切。
印刷＋空押し加工で「小口みたいな背表紙」の
「紙のたば」を表現。

Printing and blind embossing are used on the spine of this book to create the image of
a ream of loose paper.

札幌アートディレクターズクラブ年鑑 2009
CL：札幌アートディレクターズクラブ　AD, D：岡田善敬　DF, SB：札幌大同印刷

だます・よごす・やぶく

バイク好き集まれ!
の想いを込めて、
写真集!?…と思わせる造本。
観音ページを開けば、
実は会社案内に。

A handmade book of photos for bike lovers?!
So readers might assume until they open the gatefold
pages of this company brochure.

レッドバロン会社案内
CL：レッドバロン　CD：柴田友康／日野貴行／漆畑陽生
AD, D：平井秀和　CW：漆畑陽生／朝本康嵩　P：本多智行
Printing：日比友也（富士印刷）　A：リクルートメディアコミュニケーションズ
DF, SB：ピースグラフィックス

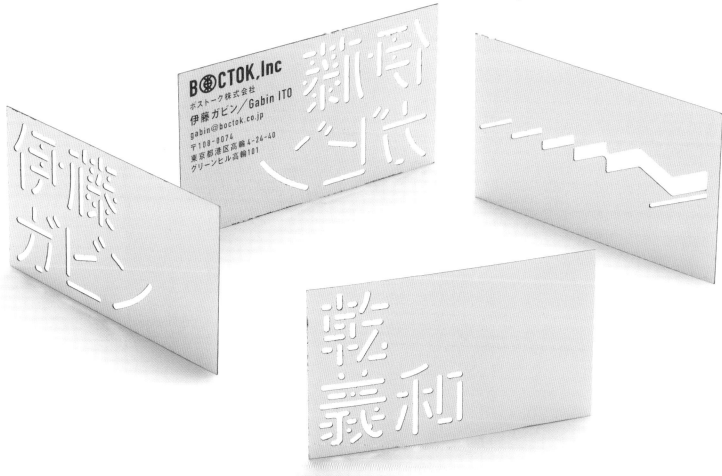

BOCTOK,Inc
ボストーク株式会社
伊藤ガビン／Gabin ITO
gabin@boctok.co.jp
〒108-0074
東京都港区高輪4-24-40
グリーンヒル高輪101

**赤い紙に白のシルクスクリーンで
印刷。逆転の発想で、
型抜き加工の断面の着色に成功！**

White ink silkscreened on red paper. The reverse printing
gives effective red edges the die-cut letterforms.

断面が赤い名刺
CL：ボストーク　CD：伊藤ガビン　AD, D：いすたえこ　SB：ボストーク

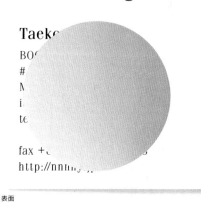

いすたえこ

ボストーク株式会社
108-0074
東京都港区高輪4-24-40
グリーンヒル高輪101
isu@nnny.jp
tel 03-5791-2955
090-7277-5767
fax 03-3446-2138
http://nnnny.jp/

Taeko

Taeko Isu

BOCTOK,inc
#101,4-24-40 Takanawa,
Minato-ku,Tokyo,Japan
isu@nnny.jp
tel +81 (0) 3-5791-2955
+81 (0) 90-7277-5767
fax +81 (0) 3-3446-2138
http://nnnny.jp/

**表は日本語。裏は英語。
表裏同じデザインに「隠す」
ことで変化をつけたアイデア名刺。**

Japanese on one side, English on the other.
Hiding a portion of the same information printed on both
sides of this business card adds clarity and variety.

名前がかくれる名刺
AD, D：いすたえこ　SB：ボストーク

表面　　　　　　　裏面

Fukushima Design Co.,Ltd 3-11-17 Furuishiba,Koto-ku.Tokyo 135-0045 Japan Tel:03-5621-3036 Fax:03-5621-3026

Have a Grrreat 2010!

実物大の「虎の爪あと」を
印刷と型抜きの組み合わせでリアルに表現。

A combination of printing and die-cutting created life-sized scratch marks in this greeting
card for the year of the tiger.

自社年賀状
CL：福島デザイン　AD：福島 治　AD, D：山口祐史　DF, SB：福島デザイン

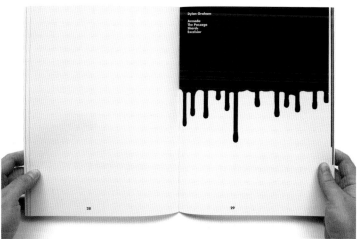

章ごとに、インクが「だんだん垂れてくる」中扉。
With each new chapter divider, ink drips progressively further down the page.

Chronic, Handmade Nightmares in Red, Yellow, and Blue / 展覧会カタログ
CL：Black Cat Publishing　DF, SB：Studio Laucke

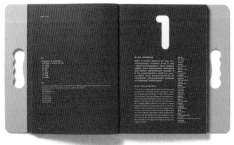

実は小口印刷なし。
ページごとにベタの色を少しずつ
変えると、なんと小口に
グラデーションが!

Gradual changes in the solid background color on each page creates a rainbow effect on the unprinted edges (!) of the book.

「美麗新世界」美術展 カタログ
CL:国際交流基金　AD, SB:大島依提亜

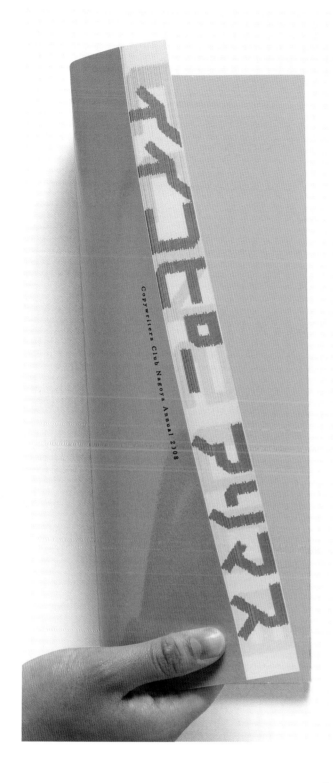

小口自体ではなく、
ページの端の部分を使った印刷。
表裏の使い分けで
2種類の文字が現れる。

Printing not on the edge of the book, but rather up to the
edge of each page. The result: two distinct messages, one
printed on the fronts, the other the backs of the pages.

CCN 賞の年鑑
CL：コピーライターズクラブ名古屋　AD, D：平井秀和　D：瀬川真矢
P：サジヒデノブ　Printing：宮本正則（アサプリ）
DF, SB：ピースグラフィックス

全作品集にふさわしく、
名場面のスクリーンショットが
主人公のモンタージュに！

Apropos the complete edition, screen shots of famous
scenes from the series have been montaged to form
images of the main characters.

シティーハンター コンプリート BOX
CL：アニプレックス　CD, AD, D：鈴木雅人
DF, SB：フライシュハル・カンパニー

© 北条司／NSP・読売テレビ・サンライズ

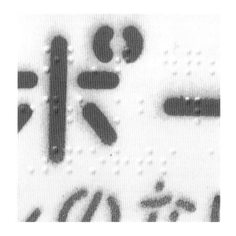

**点字プリンターによるエンボスをつぶさないように、
スプレーでステンシルしたフライヤー。**
Spray-painted stenciling was applied to this flyer to preserve the Braille embossing.

ワークショップのフライヤー
CL：東京藝術大学　CD：伊藤ガビン　AD, D：いすたえこ　SB：ボストーク

裏面

グロスニスがモニターの走査線に。
ブラウン管が発光したイメージを紙面で再現！

With gloss varnish forming the scan lines, the luminescence of a TV tube has been reproduced on paper!

PAC-MAN 展 フライヤー
CL：バンダイナムコゲームス　CD：大岡寛典　AD, D：いすたえこ　SB：ボストーク

だます・よごす・やぶく

鏡のように顔が映る印刷加工で、
見る人が引き込まれる強烈なイメージを演出。

Like a mirror, special printing reflects the face of the viewer to draw them
into a powerful image.

「メランコリア 死の舞踏」演劇ポスター
CL：水族館劇場　AD, D：近藤ちはる　DF, SB：ウルトラグラフィックス

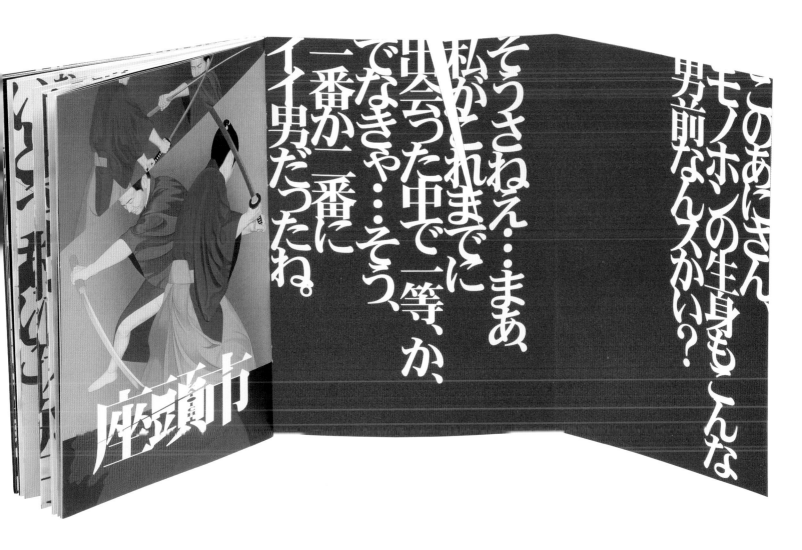

このあにさん
モノホンの生身もこんな
男前なんすかい？

そうさねえ…まぁ、
私がこれまでに
出会った中で一等、か、
でなきゃ…そう、
一番か一番に
イイ男だったね。

座頭市

刀の切っ先の鋭さを紙質と型抜きでドラマティックに
演出。表紙の折り返しで立体感のある表現に。

Paper texture and die cutting are used to dramatic effect to express the razor sharp edge
of a sword. The cover flaps are used to express dimensionality.

「座頭市」演劇パンフレット
CL：梅田芸術劇場　AD, D：黒田武志　I：天明屋 尚　DF, SB：サンドスケイプ

NOSTALGIA 月と篝り火と獣たち

汚したり、破いたり、焦がしたり
アナログ感を演出して、リアリティーのある表現に。

Dirt marks, tears, burns. Analog qualities provide a sense of reality.

「NOSTALGIA 月と篝り火と獣たち」演劇パンフレットとチケット
CL：水族館劇場　AD, D：近藤ちはる　DF, SB：ウルトラグラフィックス

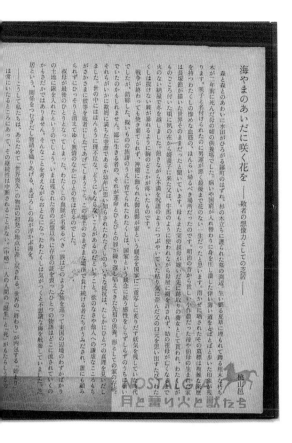

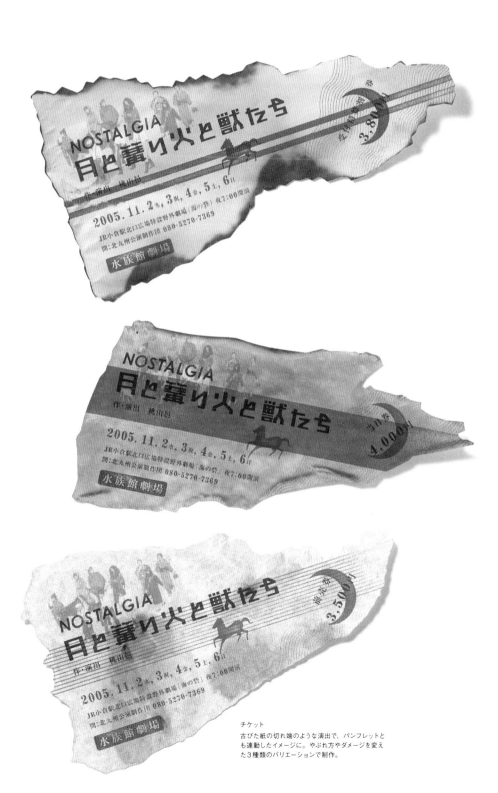

チケット
古びた紙の切れ端のような演出で、パンフレットと
も連動したイメージに。やぶれ方やダメージを変え
た3種類のバリエーションで制作。

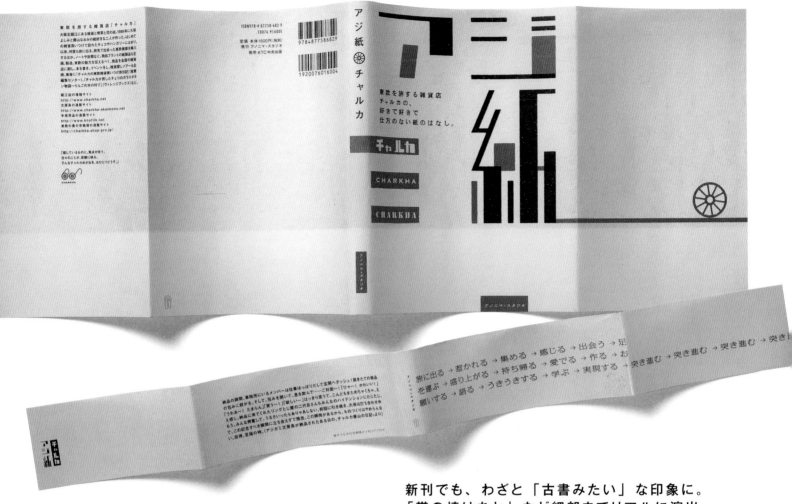

新刊でも、わざと「古書みたい」な印象に。
「帯の焼けあと」など細部までリアルに演出。

A new publication gives the impression of a used book, by design, the section under the obi seemingly protected from discoloration.

書籍『アジ紙』
CL：アノニマ・スタジオ　AD：関 宙明　D：松村有里子　P：東 康秀　DF, SB：ミスター・ユニバース

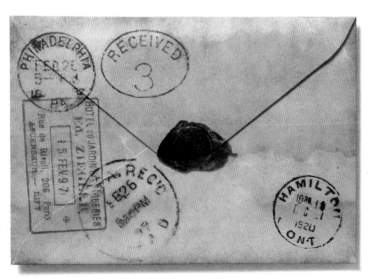

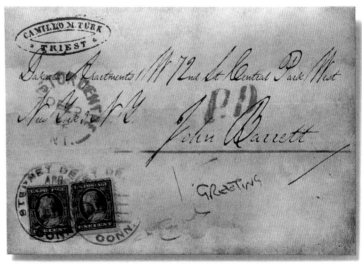

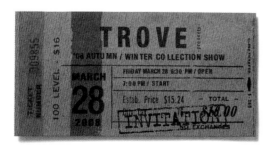

まるで「時を超えて届いたような」案内状。
羊皮紙を使って手ざわりもアンティークなイメージに。

An invitation that appears to have taken a looong time to arrive. Printed on parchment to effect an antique look and feel.

ファッションショーのインビテーション
CL：トローヴ　AD, D：竹内康人　DF, SB：ベニュー

マットニスで印刷されたコピーが
角度によって現れる
演劇フライヤー。

A theatre flyer with copy printed in matte varnish that
becomes visible depending on the angle of view.

演劇公演フライヤー
CL：精華小劇場　CD：丸井重樹　AD, D：松本久木　P：ホイキシュウ
DF, SB：松本工房

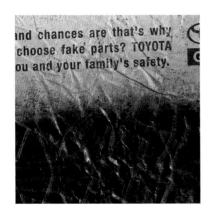

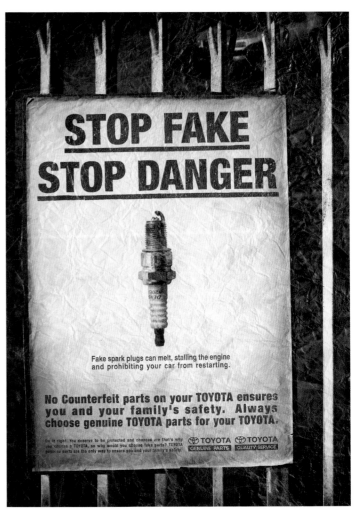

クシャクシャの紙に
UV インクジェットで印刷。
紙の凸凹による印刷ムラを
生かしたポスター。

UV inkjet printing on crumpled paper. A poster that
capitalizes on the patchiness created by printing on an
uneven surface.

模造パーツ撲滅ポスター

CL：トヨタ自動車　CD：マンジョット・ベディ　AD：安田由美子
D：岡崎智弘　P：村松賢一　A：デルフィス／ファーストアベニュー
DF, SB：アイルクリエイティブ

クシャクシャの封筒ではなく、
クシャクシャのシワを印刷で表現した印刷会社の封筒。

These envelopes for printing company are not actually crumpled. They have been printed to appear such.

宏友舎 封筒
CL：宏友舎　AD：丹下紘希　D：浦上悠平／ハタキイチ　Printing：宏友舎　DF, SB：マバタキ製作所

だます・よごす・やぶく

ぺりぺり開くジッパー刃加工で
「開ける楽しみ」を演出。

Zip strips dramatize the joy of opening something new.

ENGLISH MAN IN BOX / シャツのパッケージ

CL：BLACK & BLUE　CD：福原雅人　AD：榮 良太　D：伊藤裕平
Printing director：川端孝一郎　DF, SB：博報堂

細かい編みのニット。
よく見るとすべてイラストで表現。

Intricate knitting upon closer inspection proves to be entirely illustrated!

コレクション案内状
CL：エフィレボル　AD, D：竹内康人　I：成瀬 修　DF, SB：ベニュー

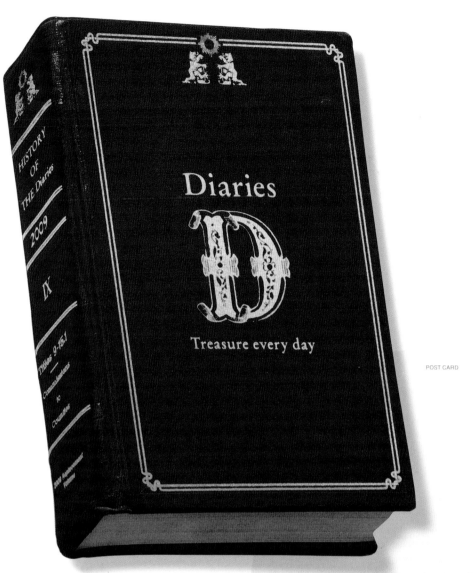

HISTORY
OF
THE Diaries

2009

IX

Diaries 9-15.1
—
Camaraderies
to
Crusaders

2009 Supplement
Volume

Diaries

D

Treasure every day

POST CARD

2009.9.5.Fri
セレクトショップ「Diaries」つくばにオープン。

「一日一日を大切に過ごしてほしい」

Diaries(日記)の名前は、そんな思いから名付けました。
私たちの扱う商品は生地や縫製、飽きのこないデザインなどにこだわり、長く安心して使える洋服
や雑貨を世界中からセレクトしています。

例えば、もしあなたが日記を書いているとしたら?私たちの扱う洋服が、その日の日記に登場するよ
うな、ちょっと特別なお気に入りの洋服であってほしいと思います。
また、その洋服に袖を通す時、前にそれを着て出かけたときの思い出が、「日記」を読み返しよみがえ
るように、Diariesの服にも、たくさんの思い出を詰め込んでほしいのです。

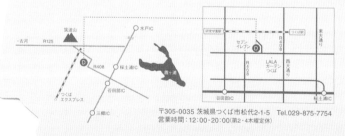

〒305-0035 茨城県つくば市松代2-1-5　Tel.029-875-7754
営業時間:12:00-20:00(第2・4木曜定休)

型抜き加工と金箔押しで、
どの角度から見ても立体に見える
だまし絵のようなリアルさを表現。

Die cutting and gold stamping creates trompe l'oeil-like
realism that appears three-dimensional from any viewing
angle.

セレクトショップのオープン告知 DM
CL:ダイアリーズ　AD, D:笹目亮太郎　P:和久井藤吉
DF, SB:スプラウト

Creative party
2008.12.2

Creative party
2008.12.2

Good Luck !

more rich !

300 ... 300,000,000

一攫千金「金の延べ棒」の宝くじ入れ。
平面なのに、並べると積み上げられるアイトリック。

A lottery ticket packaged as a get-rich-quick gold bar. Drawing on principles of optical
illusion, the 2D pieces appear to be stacked.

イベント用の宝くじ封筒
CL, SB：博報堂　AD, D：伊藤裕平　CW：塩見勝義

桐の箱が置いてある!?
横に開く三ツ折になっています。

A paulownia wood box (?!) opens horizontally into a gate-fold pamphlet.

公立美術館の企画展案内 小中学生向けの展示ガイド
CL：茨城県陶芸美術館　CD：花井久穂（茨城県陶芸美術館）　AD, D：笹目亮太郎　P：尾見重治
DF, SB：スプラウト

プレゼントが置いてある!?
フタの開く封筒になっています。

The top of a gift box (?!) turns out to be the flap of an envelope.

新店舗オープン告知の DM
CL, SB：ダイヤモンドダイニング

100店舗
100業態
達成！

配色と型抜きの工夫で
平面のポスターに
ちょっと目を惹く立体感が…

Use of color and die cutting gives a 2D poster a touch of
eye-catching dimensionality.

社内広告ポスター
AD, D, I：えぐちりか／小島義広　SB：電通

piece,

は

ミナ ペルホネン

の

余った布たち

を

もう一度

気持ちを込めて

集め合わせて

ゆきます。

デザインされた年代

も

シーズンも

いろんな布たち が

もう一度

出会っていく

という 作戦です。

arkistot, tokyo も 近々オープン致します。

京都にオープンした
minä perhonen piece, が
東京にもオープンいたします。
小さなスペースですので
オープニングパーティーは
出来ませんが
お好きな時間にいらして頂けます。
心よりお待ちしております。

www.mina-perhonen.jp

minä perhonen
piece,
2010.08.20 FRIDAY →

open　12：00〜20：00
close　第1・第3月曜日
〒150-0001
東京都渋谷区神宮前 3-41-3-1F
tel　03-6440-0163

here!

銀座線
外苑前駅
3番出口

Bell Commons
無印良品

青山通り
至 西麻布

外苑西通り

ワタリウム美術館　Lloyd's Antiques

至 表参道

平面の三ツ折も
形の工夫で箱が開く表現に。
シールまでパースをつけた形に！

By playing with form a 2D gate-fold announcement
expresses a box. Even the shape of the seal has a sense
of perspective!

展示会招待状
CL, SB：ミナ ペルホネン　CD：皆川 明　AD, D：名久井直子

OPEN

MINÄ PERHONEN PIECE, TOKYO

2010.08.20 FRIDAY →

minä
perhonen

封筒の中にはお店（赤）と本社の写真が印刷されている

食品卸・小売会社の会社案内。
段ボール箱から商品が出てくる
イメージを平面上で表現。

The company brochure of a food wholesaler / retailer expresses in 2D the image of food products emerging from a cardboard carton.

大光 会社案内
CL：大光　CD, CW：加藤信吾（ジオコス）　AD, D：平井秀和
CW：中村安紀子（ジオコス）　P：林直美　PR：高嶋大生
A：リンクアンドモチベーション　DF, SB：ピースグラフィックス

See-through

透かす

Peering into

のぞかせる

「透けてきれい」
「くりぬいてのぞかせる」に
＋（プラス）もう1アイデア！
透け感、のぞく面白さを
さらに生かした作品を
ご紹介します。

妄想＋論理性＋客観性＋恐怖心
「面白い」をデザインし続ける制作の秘密とは？

大島依提亜　Idea Oshima

Profile

1968年生まれ。東京造形大学デザイン学科卒業。映画、展覧会のグラフィックを中心に、ファッションカタログ、ブックデザインなどを手がける。最近の仕事に映画「マザーウォーター」「人生万歳!」、CDジャケット「ハンバートハンバート／さすらい記」、書籍『ダイオウイカは知らないでしょう』『自棄っぱちオプティミスト』、美術展「猪熊弦一郎展 いのくまさん」など。

「突飛なこと」を「実現」させる
「制限」を生かしたロジカルな思考

――大島さんは面白いアイデアを活かした作品を多く制作されていますが、この映画「メガネ」や「プール」のパンフレットはトレペ使いがとても印象的だと思いました。これらは、どのような流れで形にされたのでしょう。

僕自身は、めがねはきちんとした事をやる時にかける物という認識があったんです。でもこの映画では、登場する5人がバカンス先なのにみんなめがねをかけていて、そこが面白いと思いました。作品中では言及されていないけれど、おそらく意図的だろうと。癒される作品と思われがちだけど、それだけではない、きりっとして凛とした部分もすごく感じられたんです。そこで、そういう裏の意味を「メガネでフォーカスを合わせる」デザインで表現しようと思いました。トレペを重ねると下の写真がぼけるので、トレペをめがね型に切り取ればフォーカスが合ったように見せられるし、凛とした印象も表現できそうだなと。ちなみに「プール」のパンフレットで文字をぼかすトレペ使いはこの経験が基になっています。

――キーアイテムが1つの技法と繋がったわけですね。それは「直感で」決まったのですか？

うーん、映画を見ていて生まれてきたものですが、天才肌の人のように「この色はここ」と決められる感覚派ではないので、もしその方法を「直感で」とするなら違いますね。映画から自分の引き出しにあるアイデアの源流みたいなものが浮かんで、それがこの素材にぴったり来るぞと思った瞬間に両方が繋がる、そんなイメージです。だから最初の案がすんなり通った場合はいいですが、ボツった時は困りますね。いくつか案を提出するとはいえ、やっぱり自分の中でもずば抜けて強度の高い案はあるわけで…それがNGだとかなり引きずります。

――「プール」のパンフレットはどうでしょう。

映画のポスター撮影でチェンマイに行った時、舞台になったプールを見たことで思い浮かびました。わりと浅いプールで、小さくしたらちょうどパンフの束くらいになりそうだと思ったんです。それに気づいてからは、水面の表現をどうするか、高低差を深さで見せるならトレペで透かすといいかも、という流れでデザインを詰めていきました。一見ではわからないけど、トレペの中をよく見ると何だか様子が違うぞ？　という程度に文字の高低差を見せる演出ができればと。

――そういうアイデアは日頃からストックしているのですか？

仕事で発見したことや、その時は使えなくても別の機会に生かせそうなことは記憶に残しています。トレペなら、ぴったり重ねるよりも、少し隙間をあけて重ねられれば、よりぼやけた質感が出るなとかね。対象に合った表現をいかに作れるかが大事なので、アイデアを「出す」というよりは作品に「合わせていく」感じです。だから、僕の中ではアイデアという言葉のニュアンスとは少し違う感じがするんです。アイデアって言うと斬新に聞こえるけど、ある方法を少し角度を変えて使っているだけなので。

印刷や製本の加工だけを考えるならば、いろいろ思いつきますけど、実際に使えるものって限られますからね。このパンフも、最初はプールを真ん中に置きたかったのですが、写真やデータが入らないのでアイデアをできるだけ残す形で微調整しています。具現化する上では、いつもいろいろな問題が山積みで大変です。と言っても、これは比較的元の案を変えずにスムーズに進んだ作品でしたね。

――制限があった方が実は作りやすいとか？

僕の場合はそうです。アイデアって最初は派手な内容を打ち立てても、予算や技術と摺り合わせる中で縮小していくじゃないですか。その過程を経る中で、初期のイメージをいかに保ち続けるか、もしアイデアが萎んで

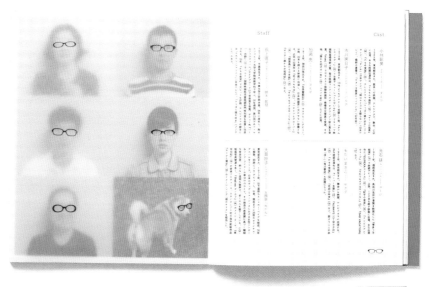

めがねをかけさせたり（上）、ピンぼけを表現したり（下）
トレーシングペーパーの「透ける」特性を最大限に利用。
映画「めがね」パンフレット2種（下はプレス用）
CL：スールキートス　AD, D, SB：大島依提亜

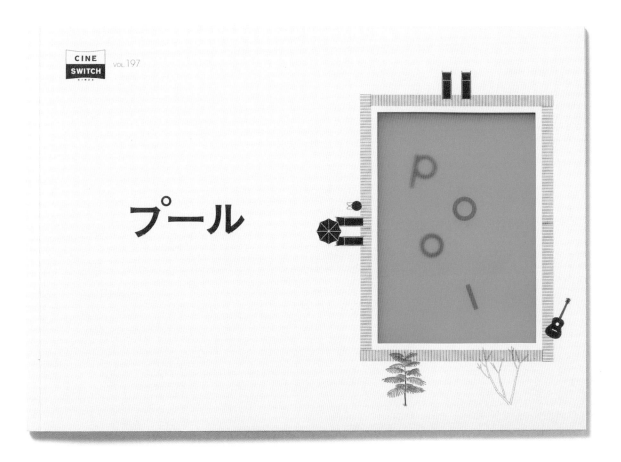

パンフレットにぽっかり「穴」を空けてプールに！
見返しにブルーのトレペを使うことで水面を表現。
水面とプールの底に文字を印刷し、空間を生かした
微妙な「透け感」を出している。

映画「プール」パンフレット
CL：スールキートス　AD, D, SB：大島依提亜

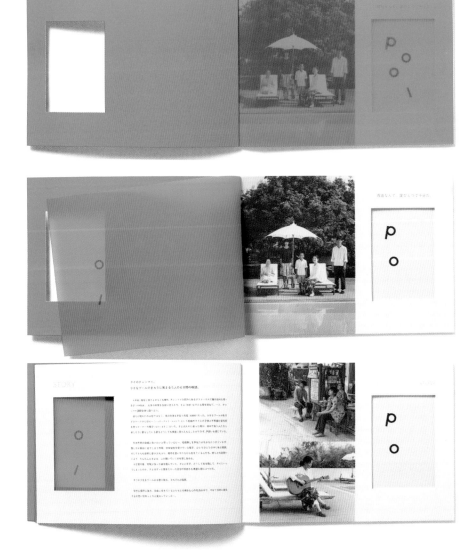

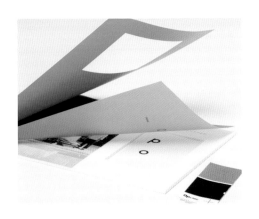

もがっかりせず別の形で生かせるかどうかを考えることが大切だと思います。

——弊社でお願いした『紙・布・テクスチャー素材集』(P.056) の製本なども抜き加工が面白くて、実物だけ見ると制限があることを感じさせないですね。

予算の枠内でやれるだけやってやろうというスタンスではありますから。予算の他にも、印刷や特殊加工の技術的な条件もありますよ。例えば抜き型加工も何度かやっていると、会社による精度や技術、納期の違いも含め、できないことの縛りが見えてきます。うーん、こうやってお話していると、僕の作業は長いプロセスの中で作っていくものだから、改めて、「ア・イ・デ・ア」という言葉の印象からは離れていますね。

——一見すると瞬間の閃きのように見えるものも、実は計算されたものということだと。

ええ。僕の場合は閃きというよりも、かなりロジカルに考えていると思います。ただ、最初の段階では、できるできないよりも「パンフをプールに見立てる」といった要素を重視します。最初から限界値を想定したデザインにすると、どうしてもこぢんまりとしたものになりがちなので…うちのスタッフにも、もっと大げさに考えた方がいいよとは伝えています。

——クライアントさんの中には、デザイナーさんがどんな突飛なことを言い出すかとドキドキされている方もおられるようですが。

デザイナーとしては、自分の考えだけを押し通すのではなく、案をいかに実現させるかが大事です。適切な手法を見つけることもそうだけど、自分の提案に乗ってくれるクライアントさんかどうかも大事。僕が今変わったことをやれるのは、周りの理解があってこそです。制作上で問題がなくても、変わった見た目だというだけでダメと仰るクライアントさんもおられるでしょうからね。突飛な物って人を不安にさせる要素があるので、それでも安心感を与えられるよう工夫をすることも大切だと思います。

——デザインは、周りの人との協業によって初めて実現できると。

そうですね。もし口で説明しづらいデザインにしたいなら、ダミーを作った方がみなさんに意図が伝わりやすかったりしますよね。自分で作ると印刷工程もチェックするから、印刷後の扱いで気をつけるべき部分もわかってくるんです。「プール」の時は、どれくらいの強度があればふちが切れないかなどをチェックしていましたね。最初の提案の時点で不安要素を消しつつ、突飛でも大丈夫だとわかるようなものにするには、やはり多少の経験値が必要になってきますが…。

——だとすれば、今は経験もお持ちですしお仕事もたくさんされているので、実験的な案も提案しやすいのでは？

若いデザイナーさんたちにはそう思われがちなんですが、初期の頃からかなり挑戦していました。昔は全然通らなくて、5回に1回ぐされればいい方でしたね。映画だと制作費の幅が大きいので、部数が少ないと凝ったことはそんなにできないですし。だけど、それでも突飛なことをどんどんやることが大事なんです。僕自身も過去にたくさん失敗しましたし、実際にリスクはあります。ただ失敗しないとわからないこともありますから。

——例えばどんな部分で失敗されたんですか。

反りや汚れなど造本上のことが多いですね。あと、別に失敗ではないんですが、発見が多かったのは「アートと話す アートを話す」(P.057) のフライヤーかな。揃えた底辺の2点で支えるから形状的には問題ないはずなんだけど、普通はこういう細い足の物はないわけです。だから、輸送時の様子を見ると梱包や納品が通常とは違っていて、そこに関わる人にはストレスになっただろうなと。それに変形チケットだったので、天のりにできなくて現場で扱う人にも手間がかかっただろうなとか、流通面での問題に気づくことが多くて。でもあまり考えすぎるとアイデアがこぢんまりとしちゃうし…そういう大変さを知りつつも、やりたいこと優先になるの

はデザイナーの業が深い所かもしれないですね。理想論ではあるけど、そういう問題も超えて流通に関わる人々にも楽しんでもらえたらと思ったりします。

先ほどから自分の制作は「アイデア」とは少し違うというお話をしていますが、こういった面でもそうなんです。一つの案を実現する時って、周囲の人々の力も関係しているのに「自分だけのもの」という印象で少し傲慢な感じがしませんか。本当はそうでない部分の方がずっと大きいものです。「アイデア勝負」と括られるデザインほど裏ですごく計算されているし、他の力が絡んで成立している例が多いと思いますよ。

好き嫌いなくあらゆる物をストック「客観的」がやりやすい!?

——大島さんが制作の際に何かを思い付かれる瞬間って、どんな時が多いんですか？

うーん…妄想癖は普段からありますね。「めがね」も「プール」も連想から思い浮かんだし。デザインに限って言えば、仕事で作るデザインと僕自身の趣味志向はまったく違いますからね。実際の趣向はもっとドロっとした雰囲気の作品やアメリカのC級バカコメディ映画などが好きですし。

——そう考えると、作風からは見えない刺激がかなり重要そうですね。

世の中の物は、好き嫌いで判別してはいけないと思っています。でないと、そこで閉じてしまうから。好きな物って自分である程度精査して把握しているだけに、発掘できる部分は少ないんですよ。むしろ嫌いな物の方が面白い答えが探せるはずです。例えば、いつもなら絶対見ないような映画の中に意外とアイデアのヒントがあったりしますからね。そ

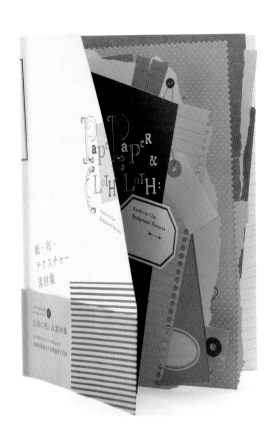

巻頭の4ページが大胆な型抜き加工に。
2種類の型で抜いた2枚のペラを二ツ折りにして
挟み込んでいる。

書籍『紙・布・テクスチャー素材集』
CL：パイ インターナショナル　AD：大島依提亜　D：中山隼人

▼その他の作品はこちら

P.014　　　　　　P.028

P.100　　　　　　P.104

ういうものから表現のストックを拾ってる節はあるんだけど、それをそのまま仕事には出せないですね。自分の趣味やダークサイドな部分を出していいよと言われると、逆に躊躇してしまいます。

——そういう依頼が来たことはないのですか？

ほぼないですね。あ、デヴィッド・リンチの映画パンフレットは嬉しかったです。ただ、中とじのポスターをもっとエグいデザインにするつもりだったのに、そこはやっぱり今ひとつ踏み込めずでしたね…。あと、マーク・ウォーターズが以前から好きだったので「500日のサマー」（P.156）も珍しく趣味に合った依頼でした。でも、好きすぎる物はやはり大変ですよ。むしろ例えば学習参考書みたく「これを僕が？」っていう素材の方が心置きなく燃えられます。こういう感覚はもう職業病なんだと思います。

作品を作るアーティストではなくデザインという仕事を選んでいる時点で、自分を守っている部分があるんですよ。だから稀に、趣味と仕事の表現が一致しているデザイナーさんを見ると感心しますね。

——でも、それはそれで自分自身を試されているみたいで大変そうですよね。

本当にそうですよね（苦笑）。ほかに困る依頼としては、すでに消化してしまったド直球もののデザインや、「○○がヒットしたからそれに近いもので」というものかな。特に後者は、その志ってどうよ、と思ってしまう。ゼロから作っているデザインを関係ないコンテンツに流用するわけだから、そこにはモチベーションも生まれないですよね。むしろ、その場合は全然別のものを提案します。

——取り組む前に参考資料などを調べたりはされますか？

何も思い浮かばない時は連想の素を探したりします。でも、放っておくと時間をかけすぎてしまうのでよくないんです。ぶっちゃけて言うと、取りかかる瞬間は未だにすごく怖いものだから、実作業から逃げる口実にしてしまうというか…。だって、どんなデザインがいいものなのか未だによくわからないし、考えた案を鮮度を保ったまま完成まで詰めていけるのか、最初に思い浮かべた物をきちんと形にできるのかは、その時点では見え

ないじゃないですか。だから、あるアイデアが思い浮かんだ時も、できそうなことの断片が頭には山積してるんだけど、わざと見ないようにしたり。プロセスが形になり始めると安堵感も出てくるんですけど。これってさっきの話にも繋がりますね。仕事だと全然違うテイストの物を作りたいのは、その意味でも自分に逃げ道を残しておきたいからなんだと思います。

——「制作するのが怖い」とは意外で驚きました。いつもそうなのですか？

綱渡りですよ（笑）。制作中は常に怖さを感じていますし、自分のハードルも上がっているからこれなら大丈夫と自信を持てることはほとんどなくなりました。もちろん外に出す段階では、完全にクリアにした状態になるよう努力はしていますけど。あとは仕事の経験が増えると相手のハードルも上がってきますよね、同じプロジェクトの中ですらそういうことがありますもの。

——そういう中で熟考した案を捨てることには躊躇しない方ですか？

そうですね、意固地になってもいいものは

できないので。捨てるのは悲しいけど、捨て
ると光が射してくる錯覚に陥ってすっきりと
します。本当はその後には何も残っていない
のだけど（苦笑）。

　僕は「デザインとは？」みたいなことを一
度も考えたことがないんです。この仕事をす
る上で「これがデザインだ」とは思ってやっ
ていないから。「プール」や「めがね」のパン
フレットも、「アートと話す　アートを話す」
のフライヤーも、洋服のカタログも、デザイ
ンという名前で一括りにされているけど、僕
にとってはまったく違う制作物です。毎回す
べてが未知数のところから始めないといけな
いし、前例がないところから作り上げて行く
存在。だからこそ、つねに取り組むのが怖
いんだろうと思います。

吹き出しの形に型抜きされたフライヤー。
ラックなどに入れたとき、底辺の2点が揃うようにデザイン
はしたが、細い部分がつぶれないように、梱包や納品された
形態が通常のA4定形のチラシとは異なっており、そこに関
わった業者の人たちの工夫に感謝した。

「アートと話す　アートを話す」　美術展フライヤー
CL：東京オペラシティーアートギャラリー　AD, D：大島依提亜

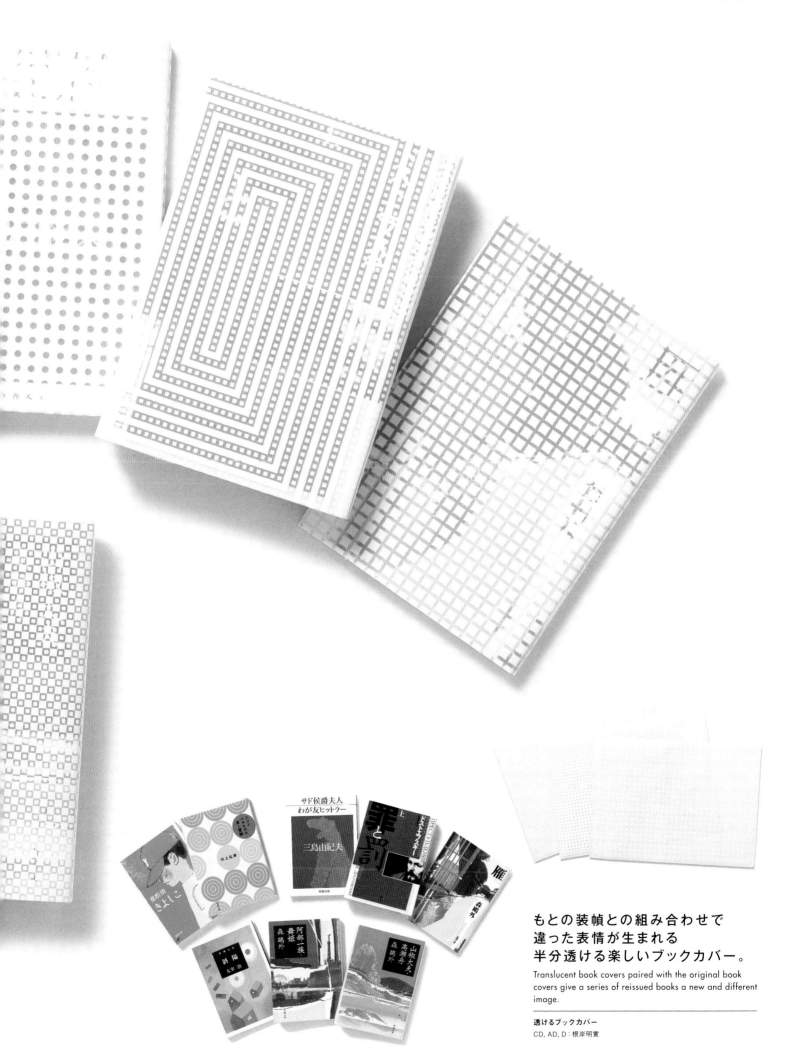

もとの装幀との組み合わせで
違った表情が生まれる
半分透ける楽しいブックカバー。

Translucent book covers paired with the original book
covers give a series of reissued books a new and different
image.

透けるブックカバー
CD, AD, D：根岸明寛

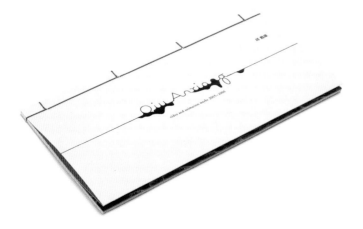

透ける紙を使用して、
下の絵のイメージをうっすら残した
「続いていく」作品集。

An art catalogue printed on translucent paper. Previous
scenes from the video work show through the pages
faintly to create a sense of continuity.

「邱 黯雄（チウ・アンション）展」展覧会カタログ
CL：東京都現代美術館　AD, SB：大島依提亜

組み合わせで変わる楽しいメモ帖。

One minute a hydrangea, the next a puddle.
Figures in this playful memo book transform depending
on how they are combined.

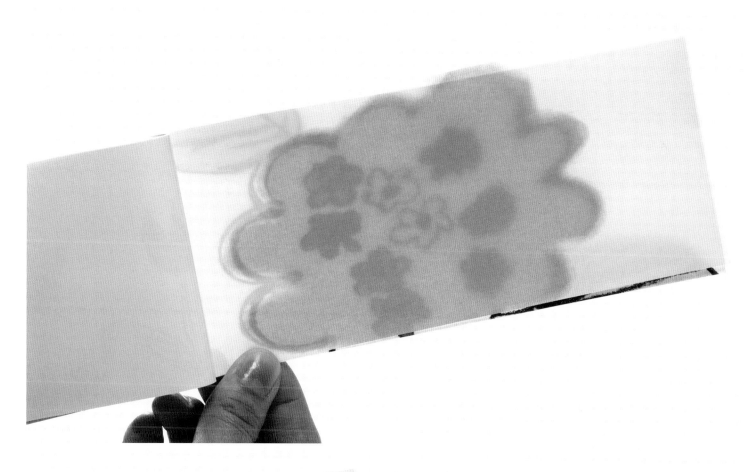

あじさいになったり、
水たまりになったり、
組み合わせで変わる楽しいメモ帖。

One minute a hydrangea, the next a puddle.
Figures in this playful memo book transform depending
on how they are combined.

ステーショナリー
CD, AD, D：大谷有紀　I：井上恵子　SB：2e

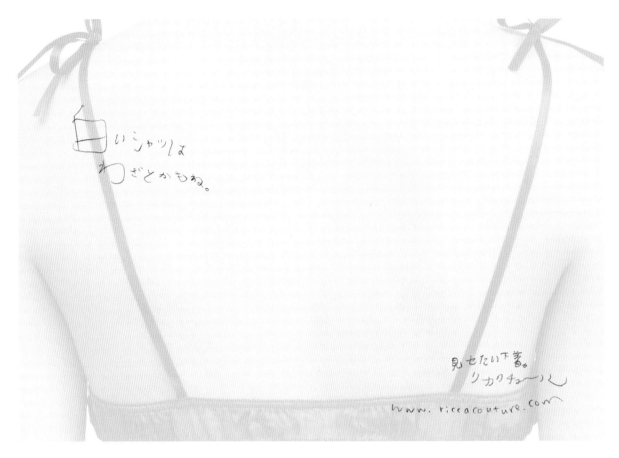

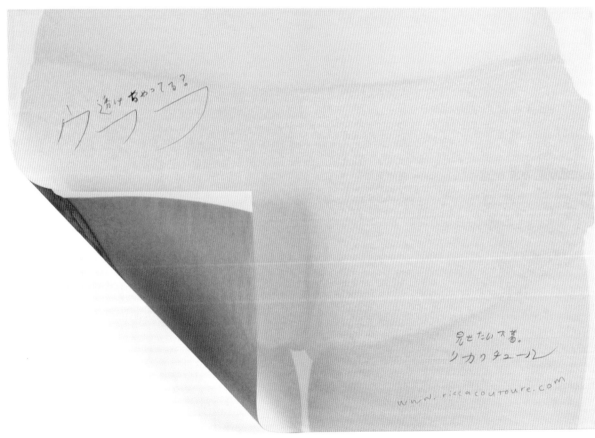

裏面に印刷することで
ドキドキさせる微妙な「透け感」を表現。

Printing on the back of a translucent sheet plays on the titillation of something 'see-through'.

リカクチュール店頭ブランディングポスター
CL：リカクチュール　AD, D：永松りょうこ

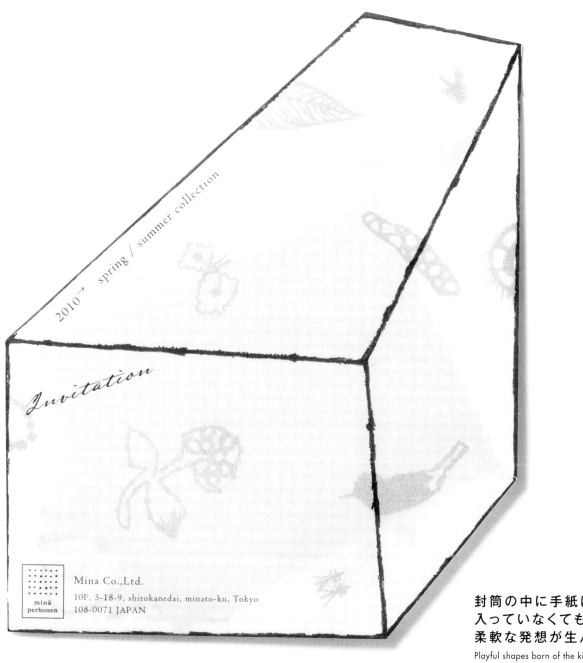

2010→ spring / summer collection

Invitation

mina
perhonen

Mina Co.,Ltd.
10F, 5-18-9, shirokanedai, minato-ku, Tokyo
108-0071 JAPAN

封筒の中に手紙は「まっすぐに
入っていなくてもよい」という
柔軟な発想が生んだ形の工夫。

Playful shapes born of the kind of flexible thinking that
questions why a letter has to fit squarely in its envelope.

展示会招待状
CL, SB：ミナ ペルホネン　CD：皆川 明　AD, D：名久井直子

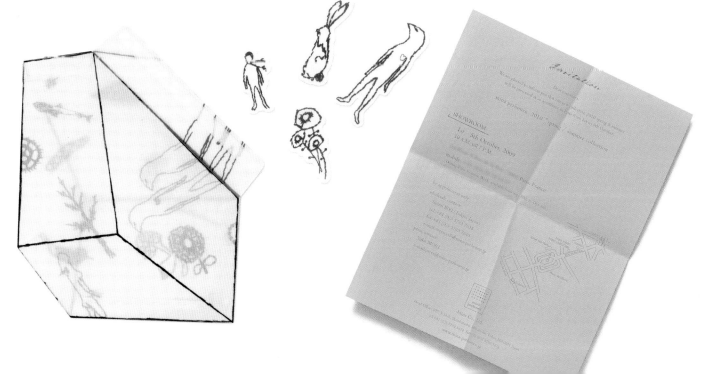

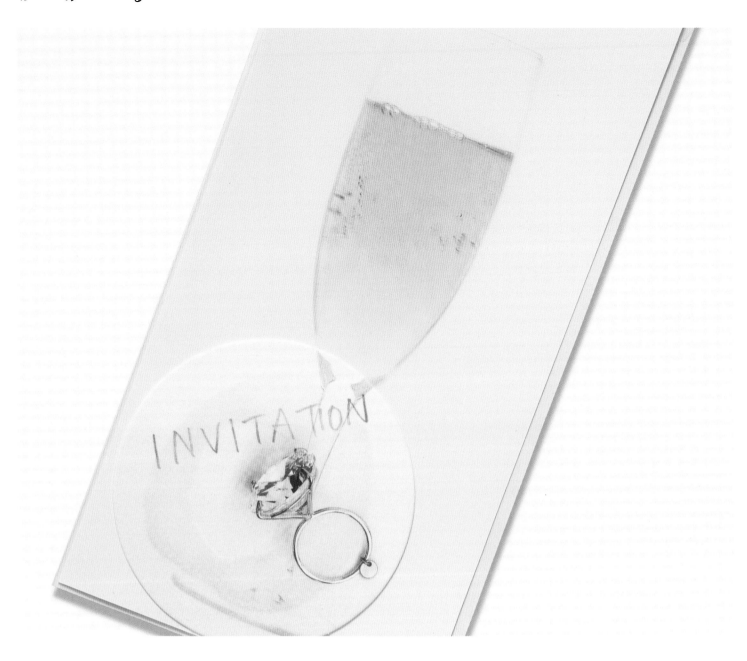

透明フィルムの封筒に
グラスのシャンパンを印刷。
発泡の透明感を最大限に演出。

The image of a glass of champagne was printed on
transparent film to enhance the evanescent quality
of the bubbly.

クリスマスパーティ招待状
CD：飛田眞義　D, I, P：増子勇作　SB：イー・エム

裏面

個展用作品集
CL：アートスペースカワモト　CD, D, I：山口久美子
SB：アイアンオー

暗闇に火が灯る…
ページの「めくり」を
生かしたデザイン。

A flame lights the darkness…in design that makes
full use of 'page-turning'.

透明フィルムの特性を生かし、
重ねると1枚のコラージュのような表現に。

Making the most of transparent-film layers to create a montage-like image.

「ふたりの5つの分かれ路」完成披露試写状
CL:ギャガ・コミュニケーションズ　AD, SB:大島依提亜

拡大図

表紙に、ユーモラスな印刷を施したペラのフィルムを重ねてコミカルなイメージを強調。

An overlay of humorous doodles printed on transparent film enhances the cover's comic image.

「ミックマック」劇場パンフレット
CL：角川映画　AD, SB：大島依提亜　D：中山隼人

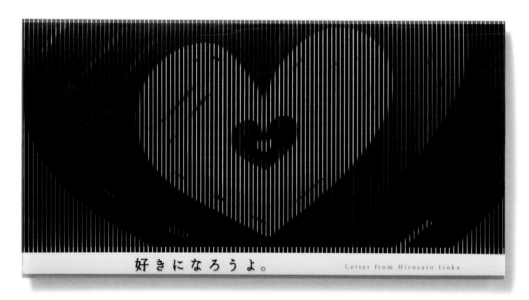

透明フィルムのケースをスライド
させると、ハートがチカチカ動い
て見える計算された柄合わせ。

Patterns designed such that sliding the transparent case
makes the image of the heart seem to throb.

好きになろうよ。/ 会社案内
CL：ジュノー　CD：富永寛子（Y-CUBE）　AD, D：淵 憲一（フチデザイン）
I：カモ　CW：大澤憲之　A, SB：ワイキューブ　Printing：こだま印刷

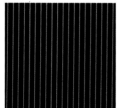

外側の印刷（透明フィルム）　　　内側の印刷（紙にスミ1c）

表1

表4

カバー×表紙、
地のパターン模様の組み合わせで、
わざとモアレする視覚効果を演出。

Combined patterns on book cover and jacket create an
intentional moiré effect.

「VOCA展2007」美術展カタログ
CL：上野の森美術館　AD, SB：大島依提亜

本体表紙　　　　　　　　　カバー（透明フィルム）

ラジオの広告なので
あえて「ビジュアルを隠す」という効果的なアイデア。

An effective concept for radio advertising: intentionally obliterate the visuals.

TBS ラジオのポスター

CL：TBS ラジオ＆コミュニケーションズ　CD：北風 勝／内藤貴明　AD：蝦名龍郎　P：友野 正／平澤 寛
D：田邊琢子／扇 重之　CW：東 秀紀　DF，SB：E.

**補色の原理で絵柄が消える
青色フィルムのブックケース。**

A transparent blue case wipes out the background pattern
by drawing on the principles of complimentary colors.

詩集「世界のために泣く夜」
CL：東 京子　CD, CW：武藤雄一　AD：安田由美子　D：岡崎智弘
DF, SB：アイルクリエイティブ

**映画のシーンで印象的な
「目」を強調させたジッパー刃加工。**

Zip strip homes in on the 'eyes' from an impressive scene
in the movie.

演劇パンフレット
CL：森崎事務所 M&Oplays　AD, D, SB：坂本志保　P：三浦憲治

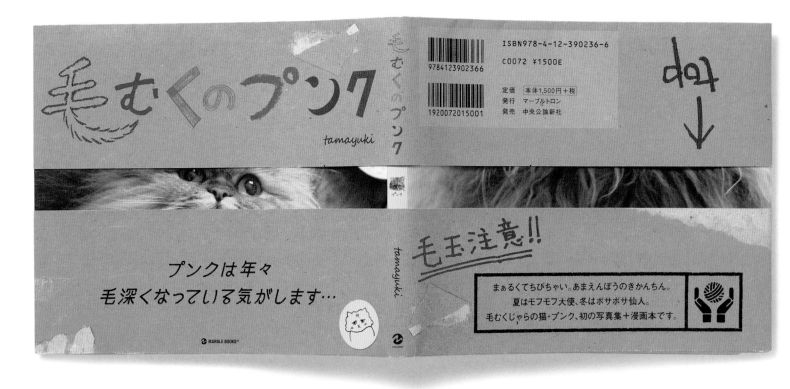

段ボール箱から、
子猫がのぞくカバーは
開くとピンナップポスターに。

A cat peeks through a slit in the cardboard cover that
unfurls to form a pinup poster.

書籍『毛むくのプンク』プレゼント用カバー
CL：マーブルトロン　AD：関宙明　D：松村有里子
SB：ミスター・ユニバース

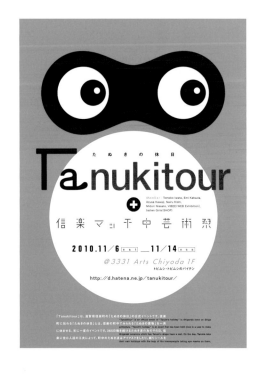

ラックからちょうど目がのぞく
インパクト大のフライヤー。

Two eyes peer out from the rack on this tremendously impactful flyer.

展覧会フライヤー
CL：tanukitour 実行委員会　CD,CW：川路あずさ　AD,D：伊波ひとみ　DF,SB：water_planet

実物に目玉をつけて、
キャラクター化。
専門的な商品を親しみやすく紹介。

Actual bug eyes applied to the booklet turn it into
a character, in this friendly, accessible approach to
presenting a specialized product.

マイコン紹介のための絵本
CL：ルネサステクノロジ　CD,CW：泉沢宗史　AD：福島 治
AD, D, I：山口祐史　A：東急エージェンシー　DF, SB：福島デザイン

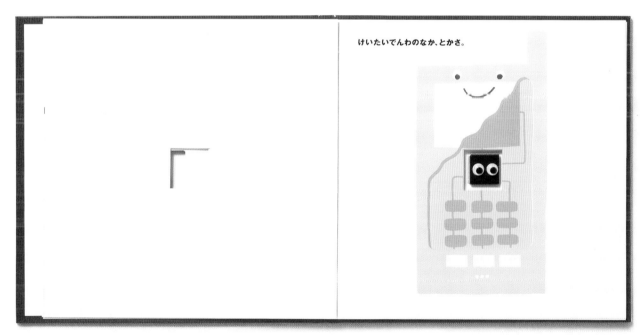

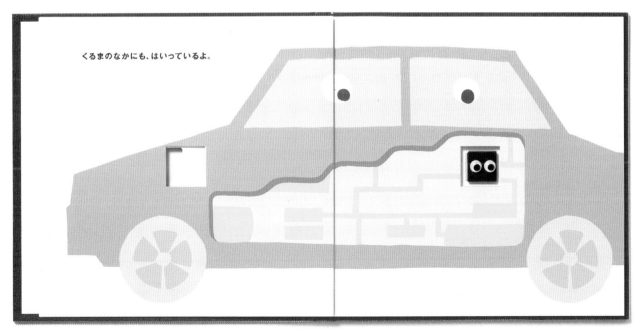

のぞき穴を利用して
見る人の焦点を細部から全体へ。
判じ絵の面白さを生かした造本。

An art book that makes use of a peephole and
picture-puzzle-like intrigue to focus attention on a detail
before revealing the entire work.

「遊びの美術」展覧会カタログ
CL：埼玉県立近代美術館　AD, D：山下雅士　SB：スリープウオーク

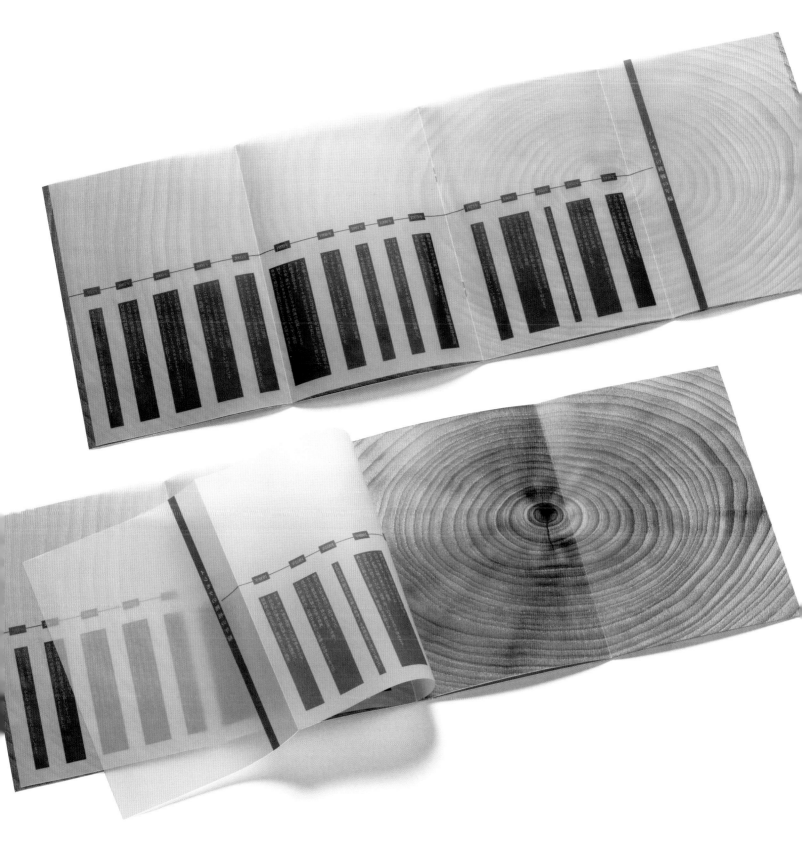

トレペの透け感を生かし
木の年輪に社史を重ねて
歴史ある会社の重厚感を表現。

The see-through quality of tracing paper is used to full
effect, likening a company chronology to the growth rings
of a tree, to express the substance behind a company
with a long history.

木が教えてくれたこと。/ 入社案内
CL：イシモク・コーポレーション　CD, CW：可知 朗　AD, D：前田政昭
P：三浦希衣子　CW：内田直樹（Y-CUBE）　A, SB：ワイキューブ
Printing：サンニチ印刷

表面（左）には文字要素、裏面（右）には窓と洗濯物をシルク印刷

封筒の重なりと表裏を生かした
奥行きのある表現でストーリーを感じさせる演出に。

The layers and front and back surfaces of an envelope have been used to full effect to
create a sense of depth and dramatize a story.

展覧会招待状
AD, D：成澤 豪　D：成澤宏美　SB：なかよし図工室

Fold

折る

Open

ひらく

折りの基本は
「山折り」と「谷折り」。
シンプルな特性だからこそ、
アイデア次第で無限の可能性が！
いろいろな折り方の作品を
ご紹介します。

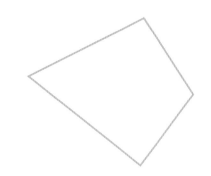

柔軟な思考や配慮の念、
日本の美意識が凝縮された「折形」の世界

山口信博　Nobuhiro Yamaguchi

Profile
1948年生まれ。有限会社山口デザイン事務所代表。折形デザイン研究所主宰。俳句結社「澤」同人。グラフィックデザイナーとして、さまざまなブックデザインを手がけながら、「折形デザイン研究所」では、伝統的な折形を研究し、現代の生活の中で再生させる活動を幅広く行う。『折る・贈る』『礼のかたち』など著書も多数。

デザインの芽は歴史の中にある

――山口さんが主宰されている「折形デザイン研究所」。その「折形」とはそもそもどのようなものなのでしょうか?

折形は、室町時代から存在する、1枚の紙を折って贈り物を包むための技法で、武家が贈答品などをやりとりする時に使っていたものです。身近なところで言えば、結婚式の際に使う「のし袋」などは、現在、とても簡易なものになっていますが、折形のひとつですし、「おりがみ」はこの折形から生まれたものなんですよ。

――山口さんは以前からこの折形に興味を持たれていたんですか?

きっかけは15年以上前。神保町の古本屋に、資料を探しに行ったときのこと。その時は別の書籍を購入する予定で、たまたま折形について書かれていた『包みの記』という本が目に止まったんですね。パラパラとめくってみると、図版がたくさん載っていて、これは何かの資料に使えるかも、というくらいの軽い気持ちで買い

ました。その時は変体仮名で書かれていたタイトルも「み」くらいしか読めませんでしたし(笑)。とりあえず買っとくか、くらいの軽い気持ちでした。上巻だけしかなかったので安かったですし(笑)。

――出会いは偶然だったわけですね。

そうですね。ただ私は俳句をやっていて、古本屋に行ったのも所属していた俳句結社の同人誌の表紙用の資料を探すためで、日本の伝統的な美しさには強く惹かれていました。だから、手に入れた『包みの記』がすごく気になりだして、たまたま以前から持っていた『折形の礼法』という本を調べてみると、この『包みの記』が伊勢貞丈(いせさだたけ)という人が書いた折形に関するバイブル的なものだとわかったんです。

そうなるとますます気になりだして、『折形の礼法』に書いてあった著者の連絡先に電話してみることにしました。これが山根章弘先生との出会いでした。

電話で自分が折形に興味を持っていることを伝えると、山根先生は心よく話を聞いてくださって、翌日には先生のお宅をお訪ねしていました。お話を伺うと「折形」は「扇」と同じ、数少ない日本人が発明したものの一つで、日本人の文化や美意識が凝縮したものだということを知りました。ひらがな・カタカナは、中国から入ってきた漢字をベースにしたものですし、日本文化のほとんどは、

韓国、中国にそのルーツがあるものですが、折形は日本が発祥なんですね。1枚の紙に刃物を入れることなく物を包み、相手に贈る。その役目を終えた紙は、また1枚の紙へと戻る。当時、紙が貴重なものだったということもあるのでしょうが、実に日本人らしい美意識だなと強く感じました。

山根先生とお話ししていると、だったら折形を勉強したらとお誘いいただいて、そのまま私は折形を学ぶことになりました。

――勉強をされてみて、いかがでしたか?

山根先生から学んだのは、江戸時代中期の版本にのっている伝統的なもので、例えば「弓」の包み方などでした。伝統的なものばかりなので、現実的にはあまり使うことができないものが多かったのですが、楽しかったですね。ただ勉強が進むにつれて、僕らの日常に近い折形とはどんなものになるだろう?　新しい折形を作っていきたいとも思うようになりました。

また、美濃和紙の職人さんたちとお話する機会があって縁ができ、現地を訪れたりしていろいろなことを聞いていると、和紙を取り巻く危機的な状況も改めて知ることになりました。

――よく後継者がいない、と言われていますよね。

そうですね。厳しい世界であり、職人として跡を継ぐ人がいないということはよく知

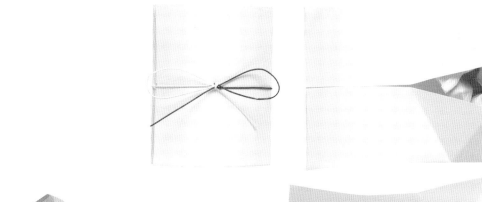

刃物を一切入れていない1枚の紙から折り上がる、美しい箱
合わせは通常右前で使用するが、逆にして、水引を変えれば
凶事の贈答にも使用できる。

左・中）内ろっかく　右）家ろっかく　干菓子）三かく四かく
CD, D, DF, SB：折形デザイン研究所

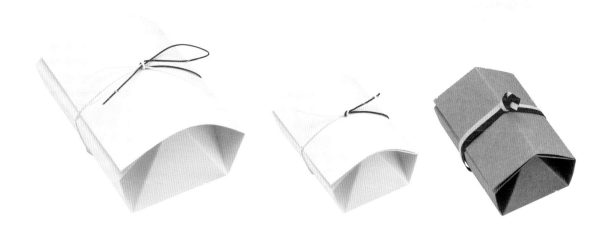

られていますが、それは若者が職人になる
のを嫌がっているからというわけではありま
せん。

　志望者は多くても、実際に後継者になれ
る人は少ない。なぜか？　それは職人では
食べていけないからです。上質の和紙を作
れるようになっても、和紙自体が売れないか
ら生活できない。職人のひとたちも、弟子
をとろうとしても自分の生活でいっぱいで、
その余裕もない。つまり「作り手」ではなく、
和紙の「使い手」がいないから、後継者が育っ
ていないんですね。

　この「使い手が不足している」問題は、こ
れまで通りの方法では解決できません。質が
良いが、大量には生産できない和紙の需要と

供給をどううまく調整するか？　大きな視点
で考えていかなければ、問題は解決しないと
思います。これは和紙だけの問題ではなく、
伝統工芸全体に関わることだと思うのです
が、私達が「良き使い手」になることが必要
だと思います。

——折形を学んだことで、山口さん自身、変
わったことはありますか？

　それまでデザイナーとして雑誌や書籍をは
じめ、いろいろなものの制作に関わってきま
したが、折形を学んだことで、その考え方に
変化が出てきました。

　一般的にデザインとはその「完成形」のこ
とを呼びます。しかし折形は1枚の紙を「山
折り」「谷折り」の指示にしたがって、折っ

ていくことでカタチを作っていきます。『包
みの記』には折り線は示してありますが、そ
の手順は説明されていません。一枚の紙を
折りあげて折形ができるまでの工程を先生
から学びました。そんな経験を積んでいくと、
手順やプロセスを考えていくこと、デザイン
ができ上がるまでの工程も、デザインなん
じゃないかと思うようになりました。

　お茶の世界でいうと、千利休は最終的な
お茶のカタチではなく、その手順をデザイン
したように思います。今風に表現すれば、カ
タチではなくそれができあがる過程、利休は
ソフトウェア自体をデザインしたのではない
でしょうか？　折形を通して、私はそう思う
ようになりました。

また、折形ではないのですがカバンとふろしきを例にとってみると、カバンはすでにある空間に物を収めます。一方、ふろしきは収めるものに合わせて自在に形を変えられるのです。物を運ぶという目的において、カバンとふろしきは同じものですが、ふろしきには日本人の物に対する接し方が現れています。自然を征するのではなく、あるべきものの良さを尊重し、柔軟に合わせていくということ。もちろん折形も同様です。

着物もそうですよね。仕立て直しすれば、同じ着物を他の人も着ることができる。「身の丈に合わせる」という言葉は、文字通りそういうことを指しています。

さらに折形では、重なる部分があると必ず右前になっています。それは受け取った人が空けやすいようにするためです。包む側にとっては、利き手ではない左手で折らなければならないことが多く、難しくなるのですが、それよりも贈りものの受け手のことを第一に考えて折っていきます。自分の作業性よりも、相手のこと。折形にはその精神が満ちています。

折形を学んでいた時は、テクニックを身につけているんだと思っていましたが、今、振り返ってみるとそれ以上に私は折形に込められた日本人の世界観や美意識を学んでいたように思います。

──なるほど、折形はただの包み方ではなく、大事なことがたくさん詰まっているんですね。

近代的なデザインの出発はバウハウスにありますが、彼らの考え方の中にも「近代的な生活のため」「使い手のため」のデザインというものがあります。折形も暮らしのためのもので、人と人とのコミュニケーションを円滑にするためのものです。本来はそこに意味がありました。現在、形式的なのし袋やのし紙といったカタチでしか一般には残っていませんが、それでも消えてしまったわけではありません。だから、生活における折形の役割に意味を持たせ直すことはできるんじゃないか、と思います。周りからは古い変なことをやっている人じゃないの？　と思われているかもしれませんが（笑）、実は今の時代にこそ必要な新しい発見がつまっているのだと思います。そこに気づいてしまった以上、今の時代に折形を伝えていくことが、私のミッション（伝導）じゃないのかなと思っています（笑）。幸い、建築雑誌に携わったこともありますから、折りが持つトラス構造やハニカム構造など、ヨーロッパの建築の構造の知識もありますし、グラフィックデザイナーですから、できることも多いでしょう。伝統の中からのヒントと進行的なデザインとの結合ができればと思います。

──伝統的な折形を生かした、新しい挑戦ですね。

そうですね。その本質さえつかむことができればさまざまなことができるように思います。

折形は室町時代から続く古いものではありますが、それを知らなかった私には、とても新しいもののように感じました。簡単に言えば、温故知新ということなるのでしょう。しかし折形を通じて、デザイナーとして流行の先端だけを追いかけて、それをカタチにしていくだけではダメなんじゃないかと思うようになりました。今ではカタチの背後にある意味、本質まで、降りていってちゃんと把握して帰ってきて生まれたデザインになれば、と思います。

刃物を入れない、紙は1枚に戻るという折形の原則でもある制約は、確かに厳しいものですが、裏返せばそれはヒントでもあります。折形だけではなく、伝統的なものは、ヒントに満ちています。

例えば「あんぱん」も、中国から入ってきた饅頭と西洋から入ってきたパンをリミックスしたものでしょうし（笑）、日本人は昔から取り入れてハイブリッドするのが得意。ナポリタンなんて、絶対イタリアにはない日本独自のものです。これからも伝統工芸と新しい何かを上手にハイブリッドしていけば、おもしろいものが生まれていくのではないでしょうか？

また、私の経験ではありますが、ひとつのものを極めるとそれは次の何かに繋がっていきます。折形を学んだことで、本業であるデザインの分野でも新しい展開を迎えることができました。すべてのことは連鎖しているんです。

ゼロの状態から何かがひらめくのは、とても難しいことです。実際には地道にやっていくしか方法はありませんが、古くからあるものの本質を掴むことができれば、表層的ではないデザインのボキャブラリーを増やすことができるはずです。

Fold IN
Fold OUT

色を折り、畳み、贈る。

折形デザイン研究所

色の原形

印刷は原理的には
イエローとマゼンタとシアンの三原色からなり、
それらの相互の組み合わせで構成される。

Aは、表裏を日本の伝統的な色、紅白とした。印刷的には
赤は「M 100%」に、「Y 100%」を加えたもの、
白は紙の色、黒と白による表裏であるが、その重
は印刷の三原色イエロー・マゼンタ・シアンが各々100%
が折り合わされている。

06・07

CとDの4面印刷の二原色の中の三色が折り合わされ
色付けの組み合わせである。グリーンは、印刷では
イエロー100%シアン100%との折り合わせによって生
み出される。

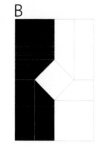 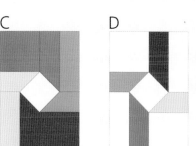

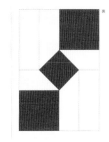 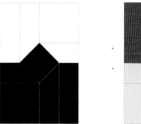 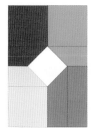 

折りの基本は「山折り」と「谷折り」。
カードの山折り、谷折りを折り換えると色と形が内と外に折り畳まれ、32のバリエーションが生まれる。折りの中にひそむ幾何学の多様な展開を楽しめるカードと解説書。
中心の正方形が要となる「ねじれ折り」という伝統的な折りがヒントとなっている。

Fold IN Fold OUT
CD, D, DF, SB：折形デザイン研究所

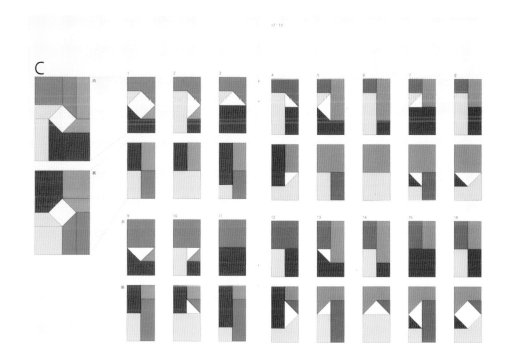

あちこち開く楽しい表紙のパンフレット。
窓の形や開く方向もさまざま。

The playful cover of this exhibition catalogue features windows of various shapes and sizes that open here and there, in various directions too.

「NARA：奈良美智と旅の記録」映画パンフレット
CL：東北新社　AD, SB：大島依提亜

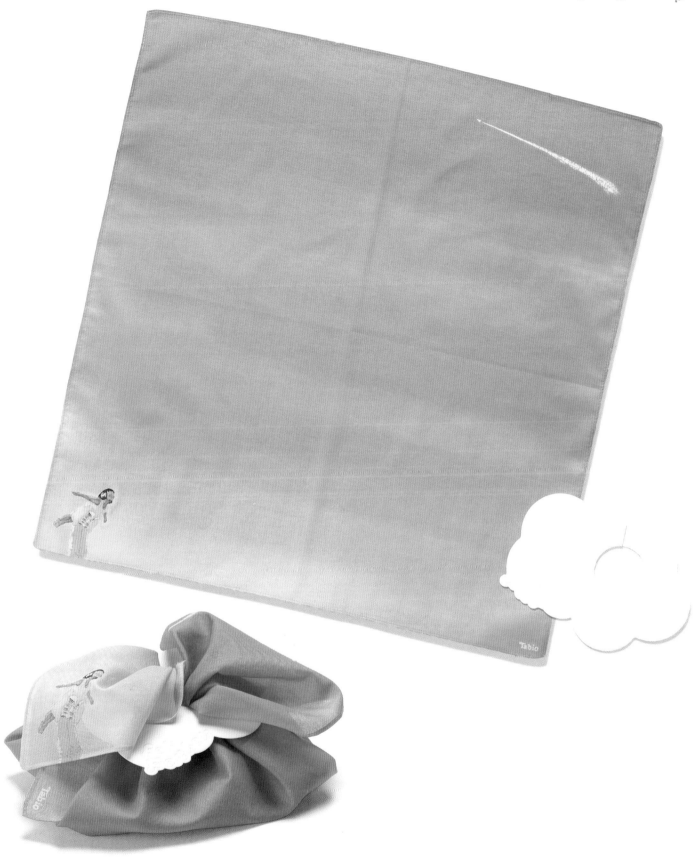

青空に飛行機雲。
開いても包んでも絵になる構図の
ギフトラッピング用ハンカチ。
留め具は雲型のメッセージカード。

Airplane, cloud and vapor trail against blue sky. A gift-
wrapping handkerchief carefully laid out to form a picture
whether tied or flat, the clasp a cloud-shaped greeting card.

ファッションブランドのキャンペーンツール
CL：タビオ　CD, CW：武藤雄一　AD：安田由美子　D：岡崎智弘
D, I：松本摩耶　DF, SB：アイルクリエイティブ

小さな冊子に大きな表紙。
表紙の余白も存分に生かした
遊び心満点のデザイン。

A tiny booklet with a BIG cover, the excess cover space
used to the fullest in this play, play, playful design.

「こどものにわ」美術展カタログ
CL：東京都現代美術館　AD, SB：大島依提亜　P：森田兼次

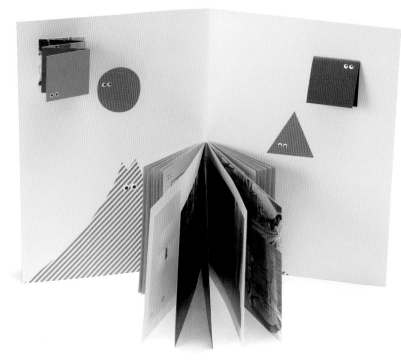

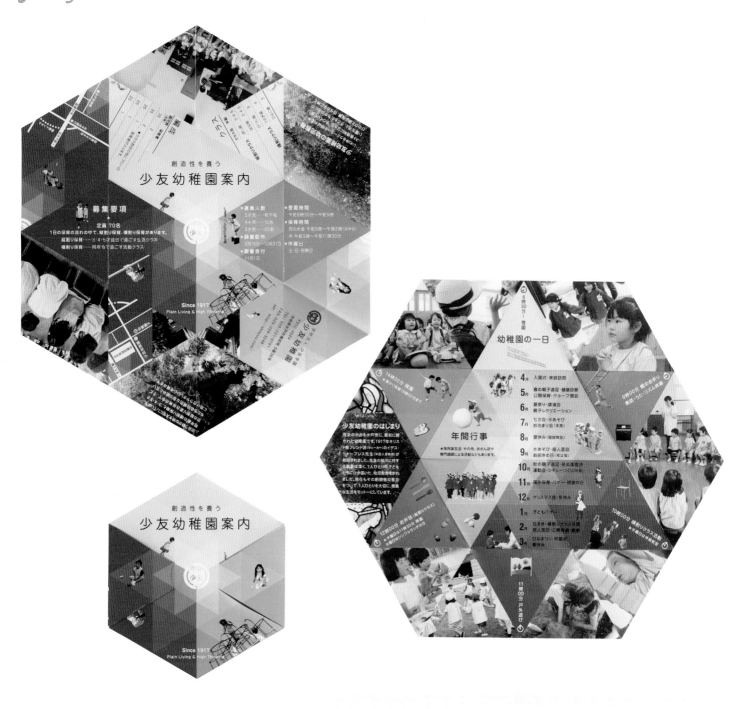

正三角形で構成された六角形の
パンフレット。開いていく過程で
さまざまなメッセージが現れる。

A hexagonal pamphlet composed of equilateral triangles.
The process of opening reveals a variety of messages.

入園案内のパンフレット
CL：少友幼稚園　AD：大西隆介　D：加藤勝也　P：永禮 賢
DF, SB：direction Q

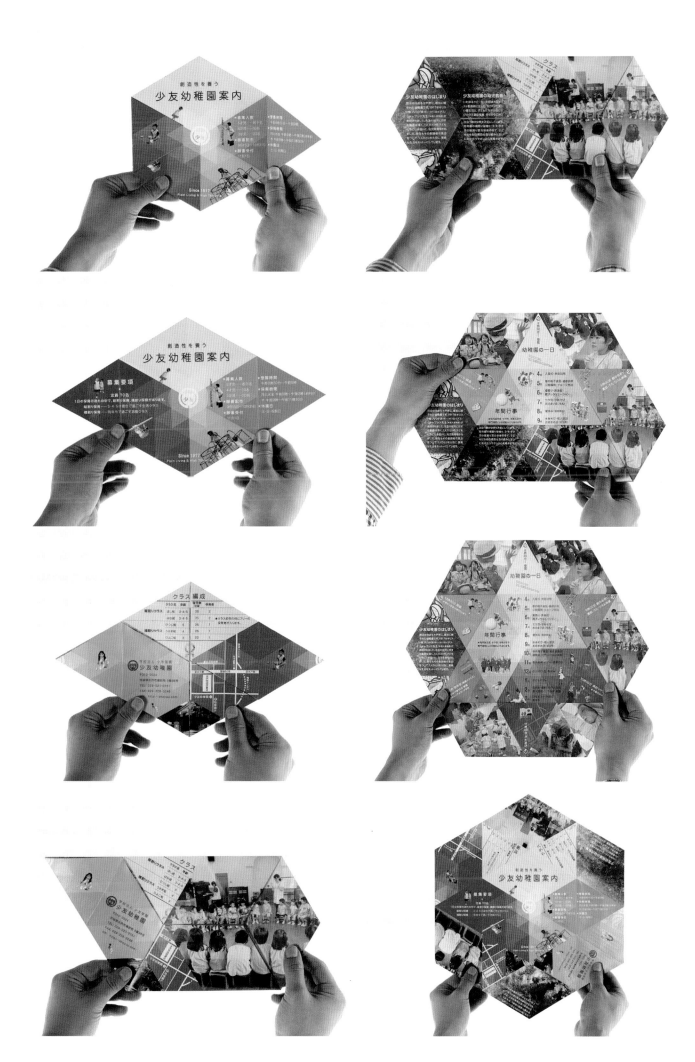

折り紙できるフライヤー。
演目にちなんで、折りの途中に
噺家と登場人物の夫婦が現れる。

An origami flyer. In keeping with the rakugo story, the storyteller and husband-wife characters appear in the process of folding.

「芝浜」折り紙演劇フライヤー
CL：快快　CD, D（裏面）：天野史朗　AD, D：cochae（コチャエ）

山折り・谷折りの印通りに折るだけで、
立体的な獅子舞が出来上がる1枚もののフライヤー。

By folding out and in as indicated, this single-sheet flyer becomes a three-dimensional Chinese lion.

「折獅子」イベントフライヤー
CL：出石芸術百貨街実行委員会　CD：柏戸喜貴　AD, D：cochae（コチャエ）

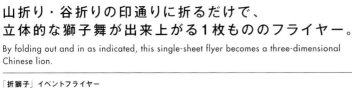

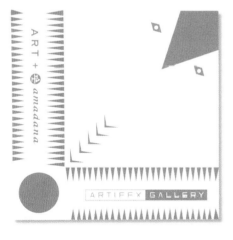

カードを3回折ると
自立する鳥ができる
ギャラリーのショップカード。

A gallery business card, folded three times becomes a self-standing bird.

折り紙ショップカード
CL, CD：Artifex Gallery　AD, D：cochae（コチャエ）

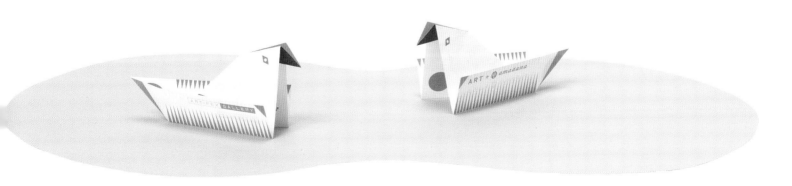

干支が折れる楽しい年賀状。
簡単に折れるように絵柄の配置を工夫。

Playful New Year greeting cards designed to fold easily into animals of
the Chinese zodiac.

東急ハンズ 折り紙年賀状
CL：東急ハンズ　AD, D：cochae（コチャエ）

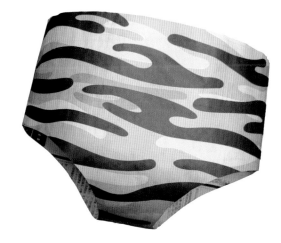

節分用の「鬼のパンツ」が
作れる楽しい新聞広告。

Newspaper ad, designed to fold into a pair of tiger
trunks, donned to ward off bad spirits on the lunar
calendar first day of spring.

新聞広告
CL：大塚製薬　CD：阿字地 睦　AD：西 克徳／松井壮介　D：田中 綾
SB：ホノルル

表紙に絵付き折り紙をつけて、
子どもから大人まで
楽しめる冊子に。

Booklet covers, fun for kids and adults alike to fold into
colorful pieces of origami.

コープの季刊誌「おりおり」
CL：グリーンコープ連合　CD：濱門慶太郎　AD：生野朋子
I：小宮貴一郎　D：cochae（コチャエ）

表面は作品を原寸でトリミング。裏面は情報欄。
折りの工夫で、両方が一度に見える仕上がりに！

Flyer for an art exhibition, one side featuring an artwork at full scale, the other
exhibition info. Inventive folding brings key bits of each to the outer surface.

展覧会告知のチラシ
CL：山口県立美術館　AD, D：野村勝久　P：大村印刷　DF, SB：野村デザイン制作室

**アーティスト名の「林檎」と「10周年」を象った熨斗紙。
変型を四角く畳んだアイデア。**

A tenth anniversary gift envelope symbolizing the artist's name, Ringo (apple).
The amorphously shaped piece folds to a rectangle.

ファンクラブ会員向け DM
CL：黒猫堂　AD, D：中村洋太　DF, SB：フラットルーム

一部だけ見せて畳めば、
開くと「かぼちゃだったんだ!」
と全貌が分かる演出に!

Dramatic tension created by showing only a portion of
the whole. Unfold and voila: it's a pumpkin!

Vegetable inks mailer / Direct mail

CD : David Azurdia / Ben Christie / Jamie Ellul   P : Tommy Taylor
D : Ben Christie / Tommy Taylor   DF, SB : Magpie-Studio

タイルのような厚紙の正方形。
タテ開き＋ヨコ開きの
ちょっと意外な開き方が楽しい。

A tile-like square of heavy paper, unfolds in the most
unusual of ways: up, down, right and left!

モーテル展示会 DM
CL：モーテル　CD, D：ネスコ　SB：エヌイグレック

内側の合紙部分で接続することで厚紙もきれいに
折り畳むことができる

3ツ折のメッセージカードに
「襟」があれば、
かわいいシャツの形に。
A charming gate-fold thank-you card… with a collar.

メッセージカード
CL：百々奈津美　AD, D：細川 剛

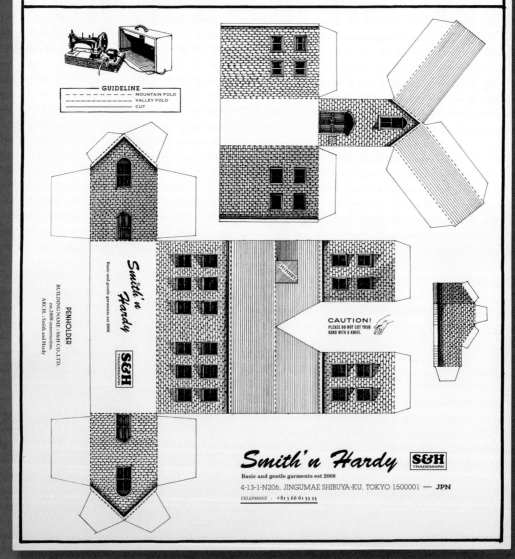

顧客好みのモチーフを
「組み立てたい！」期待感を誘発する
展開図でデザイン。

Cards designed to inspire customers to want to assemble their
favorite things.

smith&hardy ノベルティ
CL：ゼット　AD, D, I：山村章仁　DF, SB：メルクマール

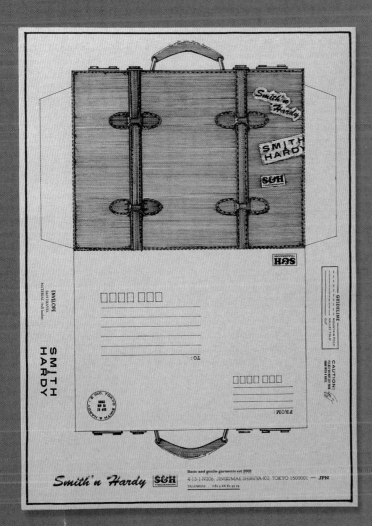

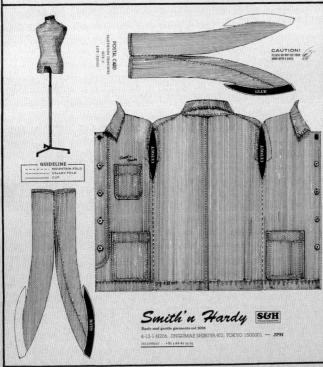

1枚の厚紙を、8回折ると
CDジャケット風な仕上がりに。
シンプルな型抜きと折りの工夫。

A single sheet of heavy paper, eight folds and a simple
die cut form a CD jacket-style set of images.

STYLE for LIVING インテリアカタログ
CL：ユナイテッドアローズ　AD, SB：大島依提亜　P：今井智己
スタイリスト：岡尾美代子

フライヤー

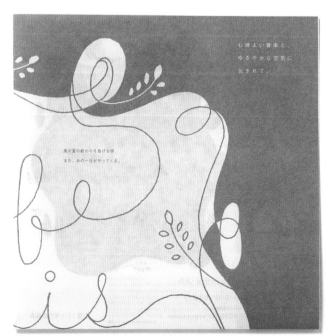

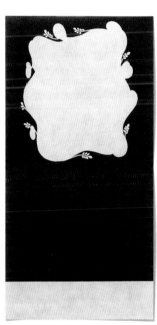

ライフ・イズ・ビューティフル

8.29 SUN 12:00-19:00 雨天決行
会場 KAKI工房
前売券2,000円／当日券2,500円 中学生以下は入場無料

お問合せ　Lib実行委員会　TEL 080-6364-5426
info@lib-toyama.com　WEB http://lib-toyama.com
会場　KAKI工房　富山県富山市葉業野2-3　TEL 076-482-1433
WEB http://www.kaki-jp.com

前売券 2,000円

ライフ・イズ・ビューティフル

8.29 SUN 12:00-19:00 雨天決行
会場 KAKI工房
前売券2,000円／当日券2,500円 中学生以下は入場無料

お問合せ　Lib実行委員会　TEL 080-6364-5426
info@lib-toyama.com　WEB http://lib-toyama.com
会場　KAKI工房　富山県富山市葉業野2-3　TEL 076-482-1433
WEB http://www.kaki-jp.com

当日券 2,500円

チケット

フライヤーの表裏を逆にした2種類の折り方で
簡単にできるバリエーション。
チケットは表と裏の刷色をチェンジ。

Reversing a flyer's fold front and back is a simple way to create two variations.
Front and back ink colors on the ticket have also been interchanged.

音楽イベントフライヤーとチケット
CL：Lib 実行委員会　CD, CW：坂下有紀　AD, D, I：山口久美子　DF, SB：アイアンオー

「壁一枚」を隔てて展開する
ラブストーリーを、「壁一枚」を
隔てて対になる造本で表現。

A love story that develops 'a wall apart' is expressed as
an art book, or rather, opposing books – 'a wall apart'.

「おと・な・り」劇場パンフレット
CL：ジェイ・ストーム　AD, SB：大島依提亜　P：本多晃子
D：中山隼人

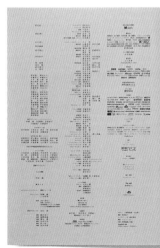

折る・ひらく

受賞者に贈られるトロフィーを
模した「えんぴつ」が折り上がる
案内状。そのまま送付もできる。

An invitation, mimicking the award its recipient is about
to receive, folds into and mails as a pencil.

D&AD賞 2008 展 DM
CL：吉田秀雄記念事業財団／アド・ミュージアム東京　CD：古川裕也
AD：八木義博　D：木村 洋　CW：筒井晴子　Agency：電通／カタチ
P：おやまめぐみ　Printing director：在本 剛　SB：電通

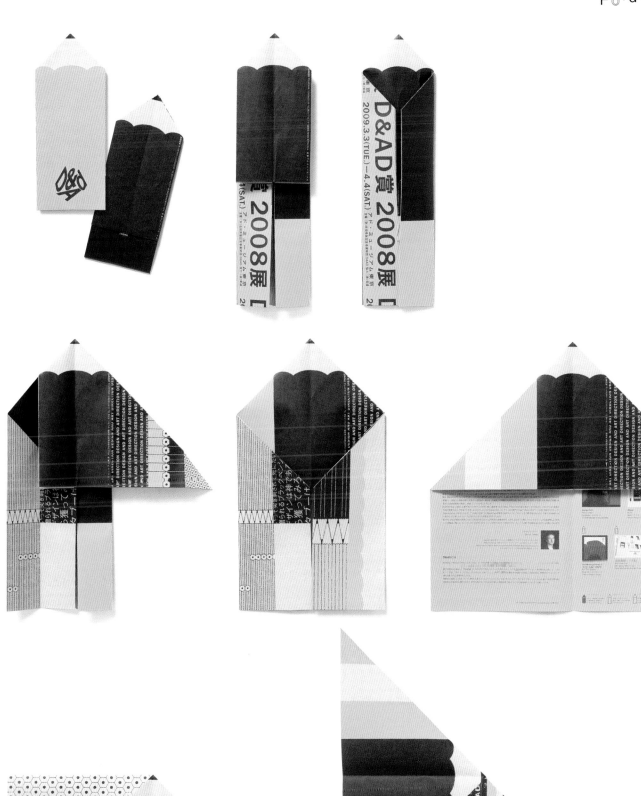

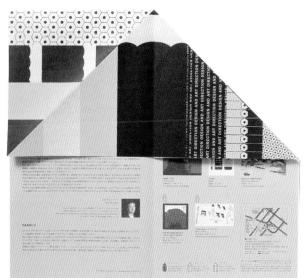

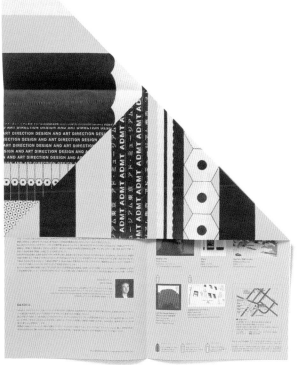

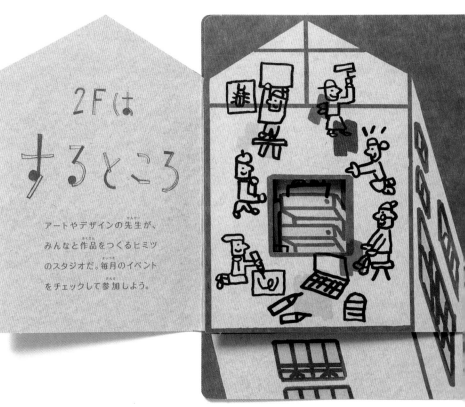

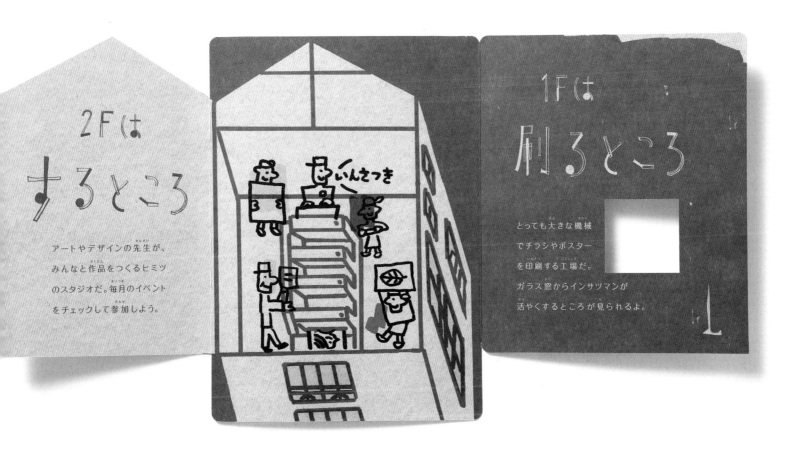

2Fは
するところ

アートやデザインの先生が、
みんなと作品をつくるヒミツ
のスタジオだ。毎月のイベント
をチェックして参加しよう。

1Fは
刷るところ

とっても大きな機械
でチラシやポスター
を印刷する工場だ。
ガラス窓からインサツマンが
活やくするところが見られるよ。

JR総武線「両国駅」西口改札（国技館方面）から徒歩12分
都営大江戸線「両国駅」A1出口から徒歩5分

URL　www.surutokoro.net
E-mail　info@surutokoro.net

オープン時間はイベントごとに異なります。
各リーフレット、ホームページでご確認下さい。

「するところ」は株式会社広告製版社が
地域貢献プログラムとして運営する施設です。

「するところ」事務局（担当：まつふじ）
〒130-0011 東京都墨田区石原 1-36-8
Tel.03-5819-1176／Fax.03-5819-1376

保護者の皆さんへ
1Fの工場で使われているインクは顔料系であり、直接触れない限り、
健康に害を及ぼす物ではありません。「するところ」では来場者が
飲み込んだり、付着しないよう適切な管理を行なっています。

建物の構造を平面上で表現。
抜きと折りの工夫で、
「めくる」喜びのあるデザインに。

The structure of a building expressed two-dimensionally
through clever use of folds and die cuts and design that
makes it fun to turn the page.

ワークショップの案内状 DM
CL：広告製版社　AD：大森 州　D：田中 綾　I：ワタナベケンイチ
SB：ナノハル

窓の抜き加工で表紙から中面へ、
つながりのあるストーリー性を持たせた表現。

A die-cut window leads from outside in, expressing a story-like sense of continuity.

会社案内
CL：Rooftop　AD, D：中村洋太　CW：庄司輝秋　DF, SB：フラットルーム

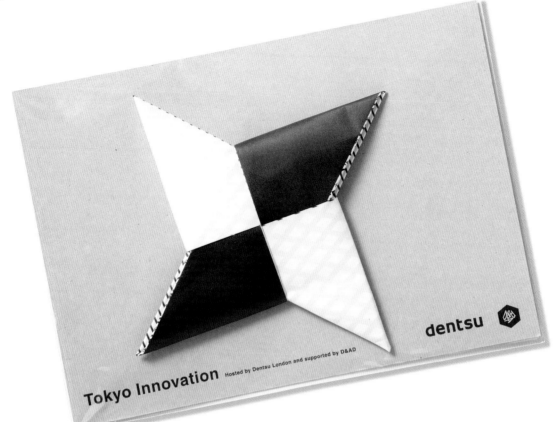

２種類のフライヤーを使って折られた手裏剣の DM。

Direct-mail promotion using two different flyer designs to create an origami throwing knife.

東京イノベーション DM
CL, SB：電通　CD：佐々木康晴　AD：八木義博　D：木村 洋／花田克斗志　CW：筒井晴子　Agency：電通／カタチ
Printing director：在本 剛　SCD：大岩直人　P：高橋裕喜／古市景子／ Wendy Colman

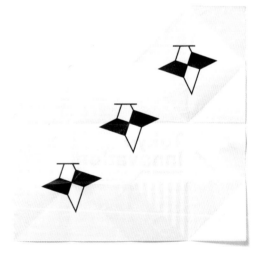

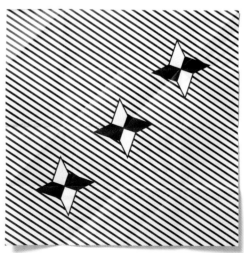

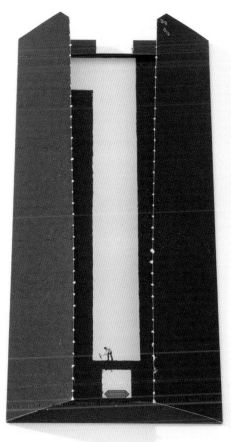

アイデア探しは金塊掘り!?
発掘の様子をジッパー刃加工で
表現し、動きのある演出に。

Searching for ideas is like mining gold!
The discovery process is expressed with a zip strip
forming a dynamic presentation.

ONE SHOW 2008 展 DM
CL：吉田秀雄記念事業財団／アド・ミュージアム東京　CD：古川裕也
AD：八木義博　D：木村 洋　CW：筒井晴子　Agency：電通／カタチ
Printing director：在本 剛　SB：電通

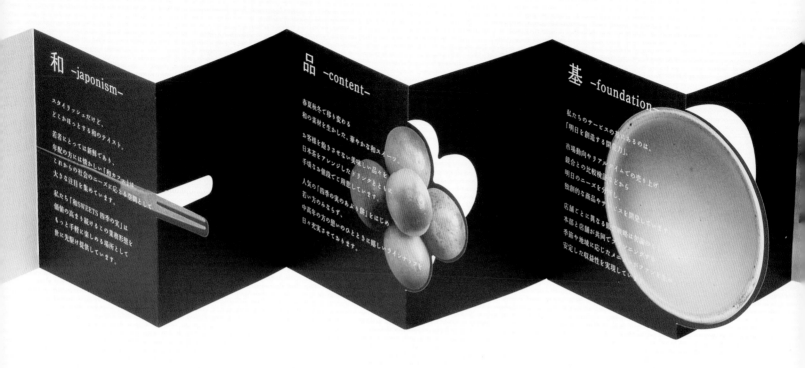

お皿の上に和菓子と楊枝。型抜きと折りの工夫で「折って良し、開いて良し」の楽しい仕上がりに。

Japanese sweets and a pick on a dish. Clever combination of die cuts and folds results in a piece as fun to fold as to open.

和 SWEETS 四季の実 DM
CL：大樹　AD, D：中村洋太　CW：庄司輝秋　DF, SB：フラットルーム

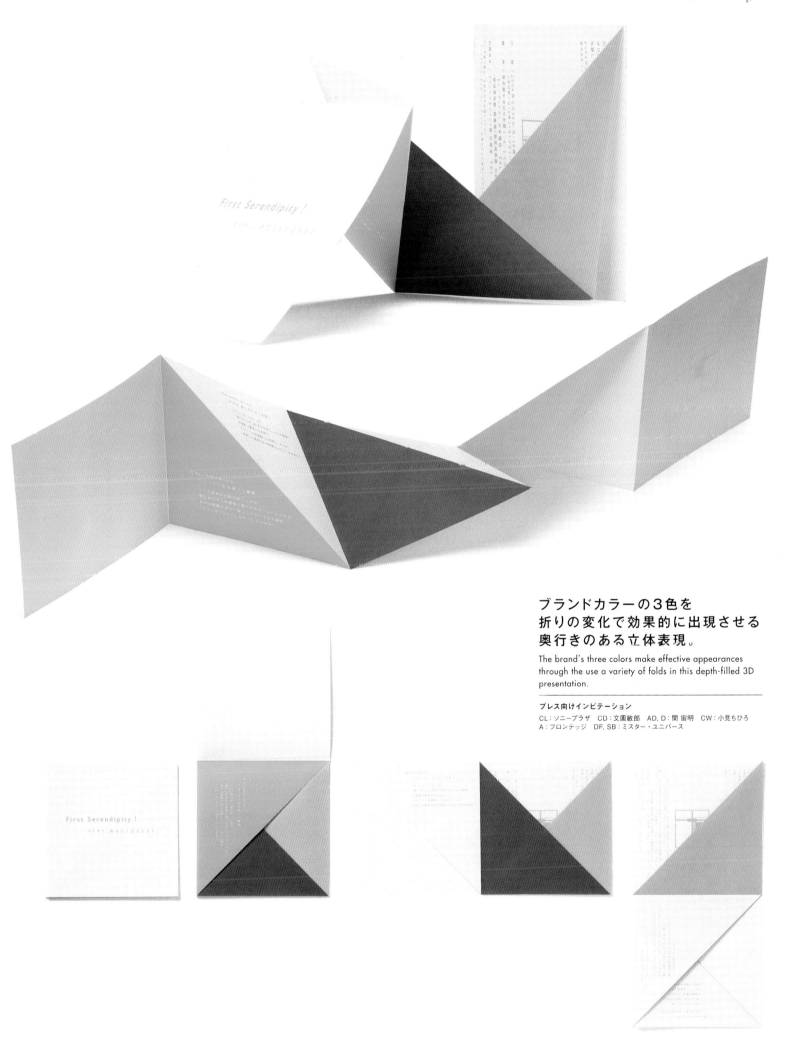

First Serendipity !

ブランドカラーの3色を
折りの変化で効果的に出現させる
奥行きのある立体表現。

The brand's three colors make effective appearances
through the use a variety of folds in this depth-filled 3D
presentation.

プレス向けインビテーション
CL：ソニープラザ　CD：文園敏郎　AD, D：関 宙明　CW：小見ちひろ
A：フロンテッジ　DF, SB：ミスター・ユニバース

演目の装いで左右を対にし、
さらに目が開く演出。シンプルな
観音開きを印象的に使用。

Two halves of a face, one in theatrical makeup, eyes
open and closed. An impressive use of a simple gatefold.

「尾上紫リサイタル」パンフレット
CL：尾上流事務所　AD：池田享史　D：高尾元樹／武笠麻友
題字：宇佐見志都　P：小原 清　DF, SB：デザインサービス

Fake

みたてる

江戸の「判じ絵」に代表されるように、
古くから日本人は「みたて好き」。
消費者のDNAに刻み込まれた
「うれしい驚き」を誘導する
永遠の黄金手法！
思わず欲しくなる楽しい作品を
ご紹介します。

マジョリティって面白い！
「わくわく」を形にする

えぐちりか　Rika Eguchi

Profile
1979年生まれ。02年明星大学造形芸術学科卒業。02年多摩美術大学大学院工芸科修了。同年株式会社電通入社。コミュニケーションデザインセンター局でアートディレクターとして働く傍ら、アーティストとして国内外の美術館で作品を発表。JAGDA新人賞2009、「ひとつぼ展」グランプリ、岡本太郎記念現代芸術大賞展優秀賞など受賞多数。

「一番伝えるべきこと」を
わかりやすく、面白く！

——本書のカバーをデザインしていただきましたが、このアイデアはどのようなきっかけで生まれたんですか？

最初、実はずっとやりたかった、傾けると絵が変わる「チェンジング印刷」を使う案をご提案したんです。そしたら、全面印刷はコスト的に厳しいけれど目の部分だけなら可能かもしれないということ。でも、その方法にするならステッカーにする必要があり、そうすると手貼りになるので、全部の商品がまったく同じにはならず、ものによってズレが出るということ。それならいっそ、そのズレを生かしましょう！　という話になり、「貼って剥がせるステッカー」を使った現代版福笑いの案が生まれました。コストを抑えつつパーツがいろいろ作れそうだったし、福笑いなら位置がずれるのもアリですよね。むしろ絶妙なパターン違いになるから、いろんな表情が店頭に並んで賑わうんじゃないかと。とにかく、コストとできることを話し合った結果です。

——今回はサブタイトルが「費用対効果の高い」ですしぴったりですね。

例えば、色違いの表紙のようにバリエーションを持たせた案って通りにくいので、今回は珍しかったですよね。店頭では絶対目立つし効果としては高いんだけど、買う側になると「あの色がよかった」と思ったり「交換はできない」なんて言われることもあるから難しいですよね…。

——その点、貼って剥がせるシールなら「あの顔がいい」と思ったら、自分で貼り直せるので、その問題もクリアですね（笑）。福笑いの顔を「現代風おてもやん」にする案は、すぐに浮かんだのですか？

最初は男性の顔を使った企画だったんですが、シール案になった時点でピンと来なくて。シールを中心にした方向で見直したら、福笑いという企画はすぐに出てきました。5秒かかってないんじゃないかな。ただ、それをどう作るかに関しては改めて練り直しましたね。イラストにすると普通すぎて面白くないということで、おてもやんメイクを施したモデルの写真パーツを使うなどのアレンジを加えていきました。

——メイクやパーツは、「福笑いの」古い資料で検証してらしたとか。

おてもやんの顔やまゆげ、目はどんなのだったかなと確認していたんです（笑）。やりすぎてかわいくなくなって、売上につながらなくなっても困るので「程よくかわいらしく作る」ことを心がけました。

——メイキングの際に大変だった点などはありましたか？

現場で決めていく部分がかなり多かったことでしょうか。おてもやんメイクがハマるような外国人モデルを選んだのですが、撮影した写真をデザインに合わせて伸ばしたら、顔の印象が全然変わったというハプニングもありました。その他には、パーツとして使う上でデザインに合ったメイクか、パーツ個々で見た時の印象はどうかなどを撮影するたびに考えつつ、短時間でジャッジしていくのが難しかったですね。でも想像がつかない現場の方が面白いので、楽しんでやれた気がします。

——『TCC年鑑』（P.111）も顔が印象的で面白いですね。これはどうやって考えたのですか？

私は、昔から世の中にある物を、少し違う角度から見せて新しいものを作ることが好きなんです。子ども時代に面白いと感じたことがヒントになるというか。この場合は、お菓子のパッケージをスライドしたら絵が変わった時の感覚とかを生かしました。先ほどのチェンジングも含めて『小学一年生』の付録みたいな物ってみんな遊びましたよね？　そういう、昔みんなが慣れ親しんだようなものは共感を生みやすく、アイデアの基ネタとして使うことが多いです。

——「サントリー黒烏龍茶」（P.119）もそう

本書のカバー撮影。実際のモデルにいろいろ
なパターンのメイクを施し、その場でレタッチ
作業を進めながら、方向性を決定。

ですか?

　そうですね。合羽橋で食品サンプルを見る
のが好きなんですけど、誰もが一度は子ども
の頃にレストランにある食品サンプルを見て、
その完成度に「すごい!」って思いましたよ
ね?　そういう過去の記憶を遡って別の形
にして見せると、改めて目を惹くものが出来
ると思うんです。ガンダムとかもそうだと思
うんですが、子ども時代にわくわくしたもの
は、懐かしさも相まって大人になってもわく
わくしますよね。私のアイデアの源と言われ
たら、そういった子どもの頃に自分が慣れ親
しんできたものになると思います。アイデア
の基は誰もが持ってるものです。むしろ、そ
れをどう新しいものに見せるかの方が大事な
んじゃないかな。

──中吊りなのに言葉がないし、それでも意
味が全部わかるのもすごいなと思いました。

　そこも大事ですね。私自身が難しいことっ
てあまりわからないから(笑)。商品特性を
読んだときに、「脂肪の消化吸収を抑える」っ
ていうフレーズだけが頭に残っていたんで
す。だから、それをぱっと見で伝えられるよ
うにしようと。その意味では、言葉が違う外
国人にも面白さが伝わるかどうかって、結構
いい評価基準だと思うんです。それは学生
時代から気をつけていることでもあります。

──その上でだと思いますが、どの作品も
インパクトがありますよね。何か過去に強烈

なビジュアル体験などをされたとか?

　特にないですね。むしろめちゃくちゃ普通
で、みんなが好きな物が好きな子でした。た
だ、クラスでブームになりそうな物を見つけ
るのは早かったですね。小学生の頃ならかわ
いいティッシュやビックリマンシールの交換
なんかが流行ったりしたんですが、それをい
ち早く始めていたり…。誰しもがハマったよ
うな物に一つずつきちんとハマってきました。
そこが大事だと思うんです。記憶の中に、周
りの人と同じ共通認識が染み付いているわけ
ですから。

　私はなんでもわかりやすい物が好きなんで
す。元々グラフィックよりもプロダクトを作
りたいと思っていただけに、平面というより
モノとしての強さの方が重要なんですよね。
それは、育った場所が田舎だったのでかっこ
いいグラフィックに触れる機会が少なかった
ことも関係してる気がします。身近なもので
ワクワクした経験の方が圧倒的に多い。だか
らこそ、身近な広告や書籍、雑貨などを媒
介にして、誰でもわかる面白いものを提案し
たいと思うんでしょうね。

　それから、シチュエーションが想像できる
ようにも心がけています。「BODY WILD」
(P.150)の例なら、彼女の服を脱がせた時
にこれを穿いていたら驚くのでは?　という
考えとか(笑)。あとは実際に触った人が「ど
う使う」か。箱入りの『TCC年鑑』なら、「箱

から引き出す」という特性を使えないかとか、
言葉の本だから人が喋ったら面白そうだし
アナログでできないかなとか、こちらもあま
りこねくり回さずに表現している気がしま
す。

──なるほど。確かに「モノ」としての存在
感がすごく感じられますね。

　「今ここにあるモノ」が好きなんです。ネッ
トより雑誌が好きだし。子供の頃は『anan』
のグッズ紹介ページが大好きだったり、『オ
レンジページ』が愛読書でした。特に『オレ
ンジページ』は、テディベアの型紙や収納術
や料理の記事を見ながら、「こんなふうにす
るのか」ってわくわくしながら隅々まで読ん
で実践していました。布を使い回すとか手
作りの工夫とか、「主婦のアイデア」みたい
な考え方が大好きだったから、今でも仕事
で紙を使い回したり、限られたコストの中で
工夫をこらすことが好きなんだと思います。
その中には、作った物で誰かを楽しませたい、
喜んでもらいたい、それが嬉しい、みたいな
気持ちもあるんです。私の中でわくわくキラ
キラしていた原石はその辺りなんです。そこ
で養った(笑)手芸系の引き出しが人より
多いだけに、そこが今のデザインに出てくる
と、グラフィック畑だけの人よりは多少変
わった物がでてくるのかもしれません。

──インパクトが強いのですごく「感覚」を
感じるのですが、そういう見せ方は、緻密な

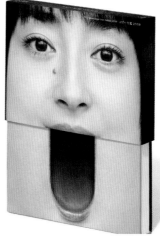

テーマは、「発言するコピー年鑑」。
「箱入り」の特性を生かし、
文字通り「発言する」デザインに。

TCC年鑑 2009
CL：東京コピーライターズクラブ　AD：えぐちりか
D：阿部梨絵／湊村敏和／大辻佑介／落合剛之／
根本幸子　P：佐藤博文　Retoucher：吉川武志／
宮本晴香　SB：電通

計算の上に成り立っているんですね。

　大切なのは「一番伝えるべきは何か」ですから。今回は「仕掛けのあるデザイン」がテーマだったので、仕掛けをとにかく使おうとは思いましたが、普段は「まず何を伝えたいか」を一言で表せるくらいに凝縮して、コンセプトを作ってから媒体特性を生かすという流れを辿ります。「黒烏龍茶」だと、伝えるのは「脂肪吸収を押さえてバランスを取る」こと。おいしい物を食べてもこれでバランスが取れる…なら、実際にバランスを取ってみる？　という感じ。もう一つの「ラフォーレプライベートパーティ」のインビテーションもそうです。「プライベートパーティ」という言葉の響きから感じた「プライベートな閉ざされた場所」や「覗いてみたいけど限られた人だけのもの」などイメージを抽出するところから始めました。その次に、インビテーションは受付に出すために必ず持って行くからパーティグッズにできそうだ、目隠しのビジュアルでメガネにすれば、限られた人たちだけが参加する仮面舞踏会の仮面みたいにできるぞ、という流れです。

　イチから全く新しい物を作ることは難しいし、それ自体に説明が必要です。でも、過去の記憶と何かを組み合わせることで、ノンバーバルでみんなが共感できるものができるのではないかと思っています。

——過去の記憶以外にアイデアの種として新しく何かを見たりとかは？

　記憶って、普段思い出している訳じゃないのにアイデアを考える時にはすぐ出てくるんです。だから、むしろ新しい情報を入れて古いものに上書きするようなことはしないようにしています。日常を普通に過ごす中で目に留まった物のインパクトを自然に蓄積していたい感じかな…。あまり飛びすぎないように、普通の人の感覚をなるべく保つように心がけているんです。自分が飛びすぎたり変わりすぎたりすると、普通の人に届けるアイデアが出なくなってしまう気がするから。でもそれを保つのはかなり難しくて、やっぱりどうしても玄人っぽくなっていくんです。だから、できるだけ無邪気な頭のまま、素人の感覚でいられるようにしたいです。

——いわゆる一般の人の考え方こそ面白いと。

　そうですね。すごく興味あります。でも、それでもずれてくるんです。自分が面白いと思っている物が、他人に伝わらないとまずいな…と怖くなります（笑）。

——お子さんをご出産されましたが、デザインに何か影響はありますか？

　今になってようやく影響を感じてきました。子育てをしていると、子どもが絵本で笑顔になったり童謡で泣き止んだりするのを見るんです。その体験は確かに自分もしてきたわけだけど、それを子どもを見ながらもう一度思い出せるのがいいですね。子どもの興味を見ることってすごくいい勉強になると思います。仮面ライダーやプリキュアのように熱狂する物には理由があるはずだから、それがわかればアイデアの幅も広がるでしょうね。「何の先入観もない人間」を見る機会もそう無いですから、そのニュートラル感を作品に活かしていけたらと思います。あとは子どもが物心付いた時に「うちのお母さんの発想はすごい」って思ってもらえる物が作れていたら最高かな。かっこいいママだと思ってもらえるものを残したいから、よりわかりやすく届きやすいもの、より普通の人に届くものにしたいと思うんです。

——だからでしょうか。えぐちさんのデザイ

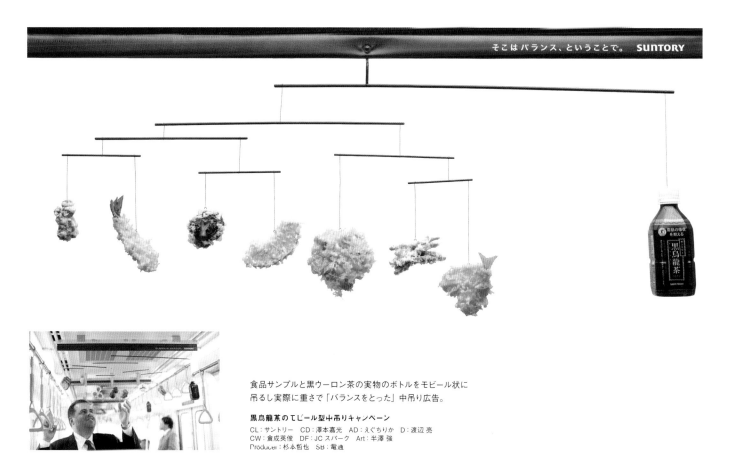

食品サンプルと黒ウーロン茶の実物のボトルをモビール状に
吊るし実際に重さで「バランスをとった」中吊り広告。

黒烏龍茶のてんぷら型中吊りキャンペーン
CL：サントリー　CD：澤本嘉光　AD：えぐちりか　D：渡辺 亮
CW：倉成英俊　DF：JCスパーク　Art：半澤 強
Producer：杉本哲也　SB：電通

ンには共感できる部分がすごく多いですよね。

共感って大事なことですよ。共感を別の
形にして見せると「面白い！」となるはずだ
から、あとは最初のインパクトをどう出すか。
私はアイデアが出たらまず、誰もが面白いと
思えるかどうかをジャッジするために、いろ
んな人に見せるんです。それから、子どもの
頃の自分が見てわくわくするかどうかなども
考えています。きれいすぎるビジュアルには
その頃の自分が反応しない気がするし、コン
セプトだけにならないように、なるべく「な
んだ？」とか「えっ？」と目を留めさせる感
覚も大事にします。その点今回のカバーは、
自分も楽しんで遊ぶだろうと思うデザインに
なったと思います。

やっぱり、万人に届くデザインはないです
よ。特にしかけみたいに派手に見えるデザイ
ンだと、いろんな意見が出ますよね。でも
一番よくないのは、誰にもひっかからない物
じゃないかな。世の中には、万人によしとさ
れるけれど残らない物も多いですし、そこは
どちらを取るかなんだと思います。

「指の隙間から覗き見る」目隠しの演出。
プライベートでシークレットなイメージを
パーティーグッズで表現した招待状。

ラフォーレ原宿「LAFORET PRIVATE PARTY」招待状
CL：ラフォーレ原宿　CD, AD：えぐちりか　D：古谷 萌／湊村敏和／
大辻佑介／落合剛之／阿部梨絵　P：田島一成
Hair make：ABE (H)／Yuki (M)　Retoucher：吉川武志
CP：和田耕司　Proof, Printing：日庄
Planning, Produce：コモンデザイン室／アマナ
Planning, Produce, SB：電通

▼**その他の作品はこちら**

P.048　　　　　　　P.150

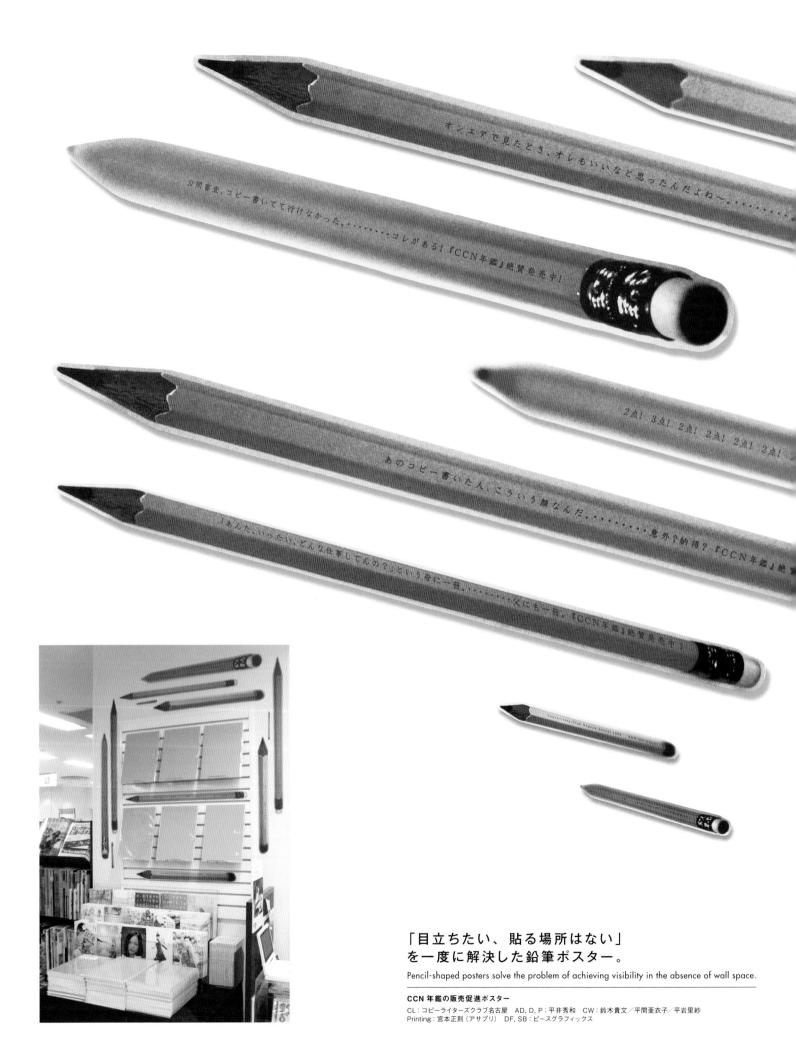

「目立ちたい、貼る場所はない」
を一度に解決した鉛筆ポスター。

Pencil-shaped posters solve the problem of achieving visibility in the absence of wall space.

CCN 年鑑の販売促進ポスター
CL：コピーライターズクラブ名古屋　AD, D, P：平井秀和　CW：鈴木貴文／平間亜衣子／平岩里紗
Printing：宮本正則（アサプリ）　DF, SB：ピースグラフィックス

ライバルは、読んでいるか、載っている。・・・・・・・・・急げ！『CCN年鑑』絶賛発売中！

Copywriters Club Nagoya Annual 2008 NOW ON SALE!

『CCN年鑑』絶賛発売中！

もはや別府は、温泉じゃなくて競輪だ。・・・・・・・・・最高賞「別府競輪」は10ページに。『CCN年鑑』絶賛発売中！

点！ 1点！・・・・・・・（最高賞）『CCN年鑑』絶賛発売中！

Copywriters Club Nagoya Annual 2008 NOW ON SALE!

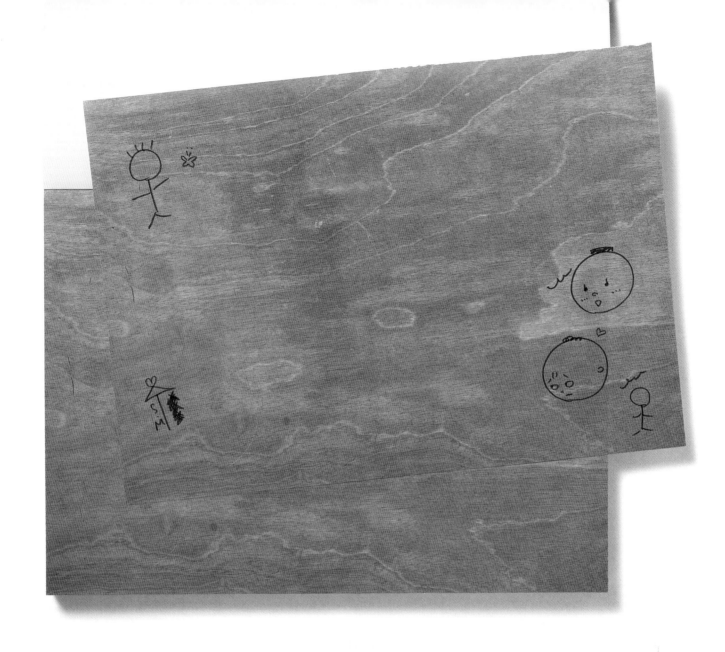

机に落書き!
白い紙より、
自由に書ける落書き帖。

Doodle on a school desk?! A sketchbook that inspires
more spontaneous scribbling than a blank white page.

School Desk Rakugaki_cho
〈 B4 desk / B5 desk / B6 desk / B7 desk 〉
CL：PCM 竹尾　AD, D：小杉幸一　P：岡 祐介

School Desk Rakugaki_cho

B4 Desk

漫画に落書き！
キャラも台詞も「思いのまま」
なノートブック。

Doodle on a manga?!
A notebook that gives users free rein to create the characters
and dialogue of their liking.

MANGA NOTE
AD：池田享史　D：高尾元樹／川内栄子／戸金珠美／井上由美子
DF, SB：デザインサービス

シリーズをノート・文庫本・スケッチ
ブック・学生鞄にみたてたケース。
開ける楽しみも広がる中面に。

A series of DVD cases that take the guise of notebooks,
paperbacks, sketchbooks, and schoolbags; playful treatment
inside also makes them fun to open.

「東京タワー オカンとボクと、時々、オトン」DVD-BOX
CL：フジテレビジョン　AD, D：近藤ちはる　DF, SB：ウルトラグラフィックス

アパレル×文具メーカーのコラボ
レーション企画。誰もが知っている
定番商品をカタログに。

A catalogue of popular basic items produced collaboratively
by an apparel and a stationery maker.

Ropé Picnic 2009 Autumn & Winter ファッションカタログ
CL：ジュン　CD：ライノ　AD, SB：大島依提亜　P（model）：白川青史
P（goods）：清水健吾　Styling：岡尾美代子

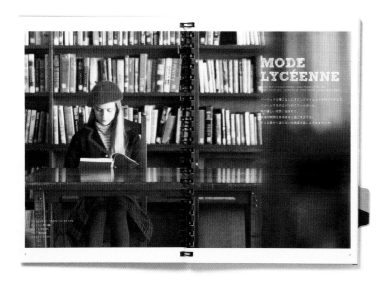

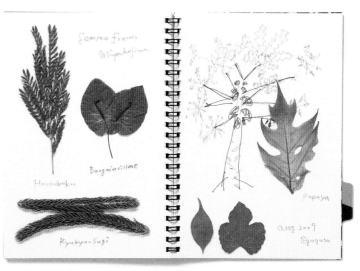

みたてる

盤面にバーコ印刷を施した
アナログレコード盤のような CD。

Thermographic printing turns a CD into a 45 record.

「音楽室の楽器たち / スタジオジブリ作品 音楽選集」音楽 CD
CL：ドリーミュージック　CD, CW：武藤雄一　AD, D：安田由美子
I：15 人の子供達　P：熊谷 順　DF, SB：アイルクリエイティブ

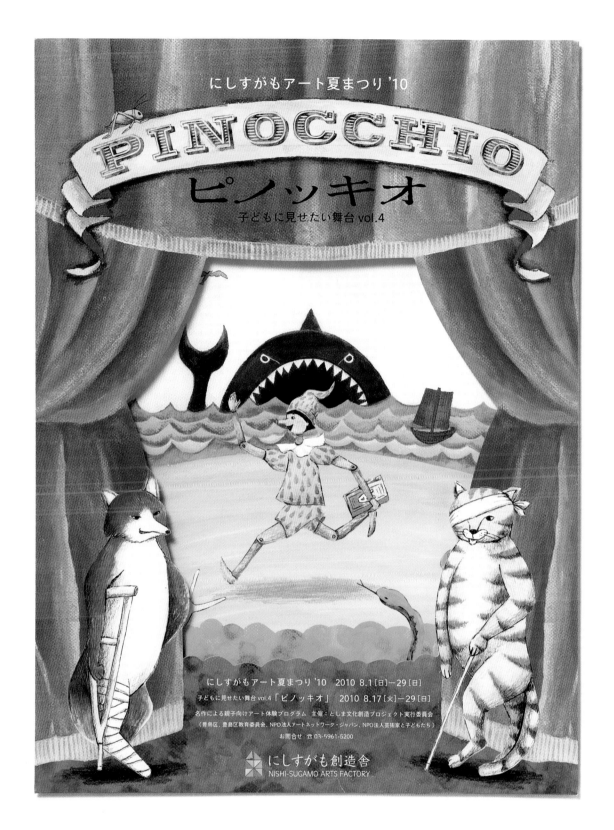

舞台の形に型抜き加工した封筒に入れることで、
劇場のわくわく感を演出したB5チラシ。

Inserted into an its envelope, die-cut in the shape of stage curtains, this B5 flyer generates the thrill of theatre.

にしすがもアート夏まつり '10 子どもに見せたい舞台 vol.4「ピノッキオ」フライヤー
CL：NPO法人アートネットワーク・ジャパン　AD, D：中村洋太　PR：種市一寛　I：たにつえりこ
DF, SB：フラットルーム

2c印刷＋簡単な型抜き加工で
立体感が楽しい動物カバーに！

2C offset printing + a simple die cut turn bookcovers into animal masks replete with dimensionality.

recover project / 非営利活動の配布物

CL：onemorecreation.com　AD, D, I：岡崎智弘　Printing：大洋印刷　SB：アイルクリエイティブ

WRITTEN & DIRECTED BY

WOODY ALLEN

STARRING

EWAN McGREGOR
COLIN FARRELL

CASSANDRA'S DREAM

Cassandra's Dream

Woody Allen

(born Dec. 1, 1935, Brooklyn, N.Y., U.S.) U.S.
film director, screenwriter, and actor. After
writing routines for comedians and performing
as a nightclub comic, he wrote the Broadway
play. His early films, such as Bananas (1971)
and Sleeper (1973), combined highbrow
comedy and slapstick. Later romantic
comedies such as Annie Hall (1977), which
won him two Academy Awards, and Manhattan
(1979) offered a bittersweet view of New York
life. He continued making films into the 21st
century, most notably Hollywood Ending
(2002), Match Point (2005), Scoop (2006),
Vicky Cristina Barcelona (2008).

Woody Books

ミステリーならではの
古びたペーパーバック風デザイン。

Design with the look typical of an old-time paperback mystery.

「ウディ・アレンの夢と犯罪」劇場パンフレット
CL：アルバトロス・フィルム　AD, SB：大島依提亜　D：中山隼人

擦り切れた背表紙やシミまでリアルに再現

ウディ・アレンの夢と犯罪

扉やノドには血の垂れたあと。中面にも楽しい演出が

STORY

ロンドン郊外に暮らすオブリーン家の長男イアン（ユアン・マクレガー）は、父親が営むレストランを継ぎながら、いつも他の未来を描いていた。カリフォルニアのホテル事業に投資し、そのリターンを元手にビジネスマンとして新たな人生を踏み出す。それが労働階級の日常に満足できないイアンの夢だった。

イアンほど夢を見なない弟テリー（コリン・ファレル）は、もっとささやかで現実的なものだった。自動車修理工場に勤める彼は、酒とギャンブルをこよなく愛し、さしたる不満もない気楽な日々を送っている。勤め先の優しい恋人ケイト（ハヤリー・ポータル）との現付きマイホームを手に入れられれば、ほかに何も望むものはなかった。

内に秘めた夢も性格も対照的なのに、持ちつ持たれつの良好な関係を保っているイアンとテリーは、従妹の6000ポンドで売りに出されていた小型クルーザーをローンで共同購入する。勤め学の旅で立ち寄っていたアンジェラ（ヘイリー・アトウェル）という若い女優を助け、そのお礼として彼女が出演中の舞台に招待されたのだ。アンジェラは上昇志向が強く、周りには常に男の影がちらついていたが、勤時美しく彼女はひたすら悲しい存在だった。やがてテリーの修理工場から借りた高級車でリッチな雰囲気を演出し、港町ブライトンに繰り出したイアンは、モデルの仕事を終え

カンジュラにパイトで私され、自らの人生がどんどん傾き始めたことを実感する

ところが思わる穴に落ちて、近いうちに危機的ローンで断念を手に出し、やにく全相手にリ5ポンドの借策をこしらえてしまう。だがけテリーに持ちかけられたイアンのレストランの夜のや全を持ち出すに行に出、大量を切り出て確か小心者のテリーは、通を短じて折じるだろう

そんなと実際ろい使世界のロンドンに思い暮りた。カリフォルニアの中国で衣料業界の実業を行っている従妹ハワード（トム・ウィルキンソン）が、家族と会うためにこっちに一時を子で成功者であるハワードが金をにやつに一つのチャーの保全とイアンのホテル投資話の前着全をすやすすと肩代わりしてくれるはずだ。ハワードは「実はおまえたちに相談がある」と意外な交換条件を切り出して、すっかり大喜びに乗った気分の兄弟に冷や水を浴びせた。

「ソードン・バーンズという甥の名を明にするんだ」

ハワードの説明によると、近いうちに彼の面出しにした規福調査が入り、元同僚バーンズの証正によって彼が法につかない違法行為が明るみに出ることなのだという。それが現実になればハワードの監獄行きは免れない。つまりハワードが消す「頼任」を1割にのための「殺人」を意味していた。まさに極悪人のごとき口ぶりに変わったハワードの相談目に打ちれた兄弟は、常にされたたようなショックを受ける。

その後、眠れぬ夜を過ごしたイアンは、いよいよ彼の面出しハワードからの理不尽な提案を受け入れる決意を固める。堅実のテリーは極度にうろたえて抵抗するも、アンジェラとカリフォルニアに移住してゴージャスな新生活を送るという夢に魅了されたイアンに、強引な理屈をつけて弟を従わせるのだった。

ホテルのレストランで標的であるバーンズの面を確認した兄弟は、手製のビストルを胸に忍ばせ、いよいよ殺人を実行しようとする。はたして計画は成功に遂げられるのか。そしてイアンとテリーはこの輝きを取り戻すのか。運命の女神のみぞ知る彼らの行く末は、予想だにしなかった結末が待ち受けていた。

相手に合わせてリボンを選べる栞をモチーフにした作家の名刺。

A writer's business card with a bookmark motif features varied ribbon colors, selected to suit their recipients.

名刺
CL：真戸 香　AD, D：細川 剛

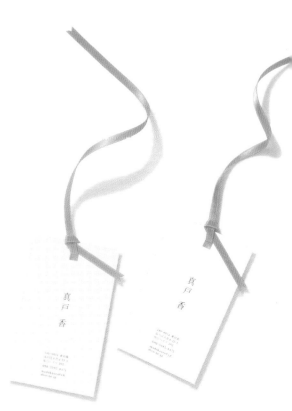

真戸 香

140-0014 東京都
品川区大井 4-13-3
板ハイツ 202
090-5195-8471
madokaori@y8.
dion.ne.jp

地元の文豪の名作をイメージした
デザインで、さらに付加価値を
つけたお土産のパッケージ。

Packaging imaged after the masterpiece of a distinguished
local literary figure gives these souvenir biscuits
an added flavor.

クッキー「津軽」パッケージ
SB：ラグノオささき

箱の側面にはページのたばを印刷し
より「文庫本」らしく

津軽

青森県産の「アップルファイバー」
青森県産の小麦、鶏卵を使用した
食物繊維を含んだクッキーです。
ほのかなリンゴの香り
繊細な脆さは「こな雪」のよう
津軽生まれの林檎のお菓子です。

本製品に使用しているアップルファイバーは、
青森県産りんごの搾汁残渣（ジュースを搾った後）
を乾燥〜粉砕（粉末化）したもので、褐色でほのかに
りんごの甘味や酸味、苦みを有しています。

平成21年青森県ふるさと食品コンクール
青森県農林水産部長賞受賞

これは、食べる文庫本です。

林檎ファイバー入りクッキー
7
軽津
著治宰太

RAGUENEAU

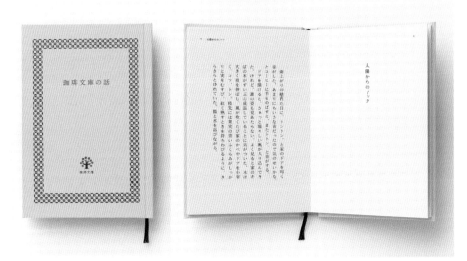

味のイメージを、
ストーリーで表現した文庫本型の
ラベル付きパッケージ。

Images of flavors are expresses as stories in book-like
labels on this line of packages.

珈琲文庫オープンツール
CL：珈琲文庫　AD, D：岡田善敬　CW：對馬千恵
DF, SB：札幌大同印刷

新聞の号外風のデザインで
「緊迫感」を演出した映画の告知ポスター。

A movie poster fashioned after a newspaper extra aiming to instill a sense of 'tension'.

「密約—外務省機密漏洩事件—」映画ポスター
CL：アニープラネット　AD, D：近藤ちはる　DF, SB：ウルトラグラフィックス

中吊り仕立ては最強のアイキャッチ！
テレビドラマの新聞広告。

Newspaper ad for a TV drama fashioned after an in-train poster, the ultimate
attention-getter!

テレビドラマ新聞広告
CL：フジテレビジョン　AD：冨田高史　D：高藤達也　アカウントプランナー：長崎幹広　A, DF, SB：kazepro

平面で表現できる車モチーフ。
標識とナンバープレート型のDM。

Direct-mail promotion fashioned after traffic signs and license plates, i.e. car-related
items reproducible in 2D.

自動車学校のプロモーション

CD, AD, D：弦間 信　DF：北日本広告社 旭川支社　SB：デザイン事務所カギカッコ

輸送用のネットまで模して
開けるのが楽しみ！
な缶詰型カレンダー。

A canned calendar, complete with shipping net.
How fun is this to open!

Three & Co. 2010 カレンダー
CL：Three & Co.　AD, D：福森正紀　D：脇田紘之／郷原永資
P：KEISUKE NISHITANI　ST：井口朋美　DF, SB：Three & Co.

コインがタオルに！
布の圧縮加工で意外性を演出。

A coin becoming a towel!? Here fabric shrink-wrapping
is used to surprising effect!

Three & Co. 圧縮タオル
CL：Three & Co.　AD：福森正紀　D：脇田紘之　DF, SB：Three & Co.

1本だけ本物が付いている
鉛筆モチーフの年賀状。
黒×黄色の寅年カラー。

A New Year's card with a pencil motif, only one of which
is real. Yellow and black symbolize the year of the tiger.

Three & Co. 2010 年賀状
CL：Three & Co.　AD：福森正紀　D：郷原永資
P：KEISUKE NISHITANI　DF, SB：Three & Co.

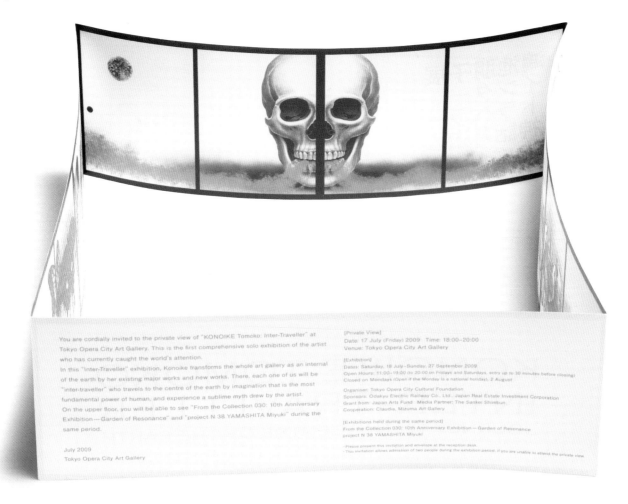

代表作品の展示風景を再現した
美術展の招待状。

This direct mail invitation sent to the press features an
'installation view' of the one of the highlights of
the exhibition.

「鴻池朋子展 インタートラベラー 神話と遊ぶ人」美術展招待状
CL, SB：東京オペラシティアートギャラリー　AD：大島依提亜

「鴻池朋子展 インタートラベラー 神話と遊ぶ人」会場風景より 《シラー谷の者、野の者》2009　撮影：永禮 賢　提供：東京オペラシティアートギャラリー
© 鴻池朋子

A HOUSE with the dojo studio
design control by
drawing office indot

道場のある家

建築設計事務所インドット **森本知宏**

「道場」にちなんだ、
黒帯付きの柔道着を
モチーフにした作品集。

An architectural catalogue with a dojo-related 'black belt' motif.

建築家の作品集
CL：建築設計事務所インドット　AD, D：田中雄一郎　P：後藤健治
DF：クオデザインスタイル

原料の革から型を抜き出したり
実物の靴ひもを使ったり
ハンドクラフト感を演出したDM。

A direct-mail invitation with elements die cut out of leather and real leather laces to reinforce the brand's forte: handcrafting in leather.

パーティーの案内状
CL：ティンバーランド・ジャパン　AD：大森 州　AD, D：竹内春香
D：山之端 悠　SB：ホノルル

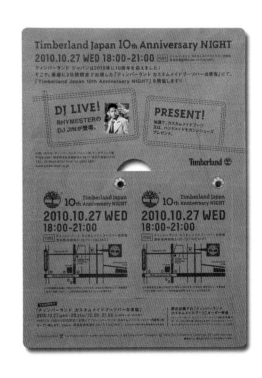

プレゼントの「賞金」にちなんだ
ドル札束のようなリーフレット。
This leaflet fashioned after dollar bills plays off the event's monetary reward.

店頭リーフテット POP
CL：コンバースフットウェア　CD：勢井浩二郎　AD, D：Mackee　CW：さいきようこ　P：原田宗孝　DF, SB：デキスギ

映画のキーワード「百万円」を
イメージした札束メモパッド。

百万円と苦虫女

© 2008 "One Million Yen Girl" Film Partners

映画のキーワード「百万円」を
イメージした札束メモパッド。

A memo pad fashioned after a sheaf of bank notes
relates to a movie's keyword: 1 million yen.

「百万円と苦虫女」映画グッズ
CL：日活　AD, SB：大島依提亜

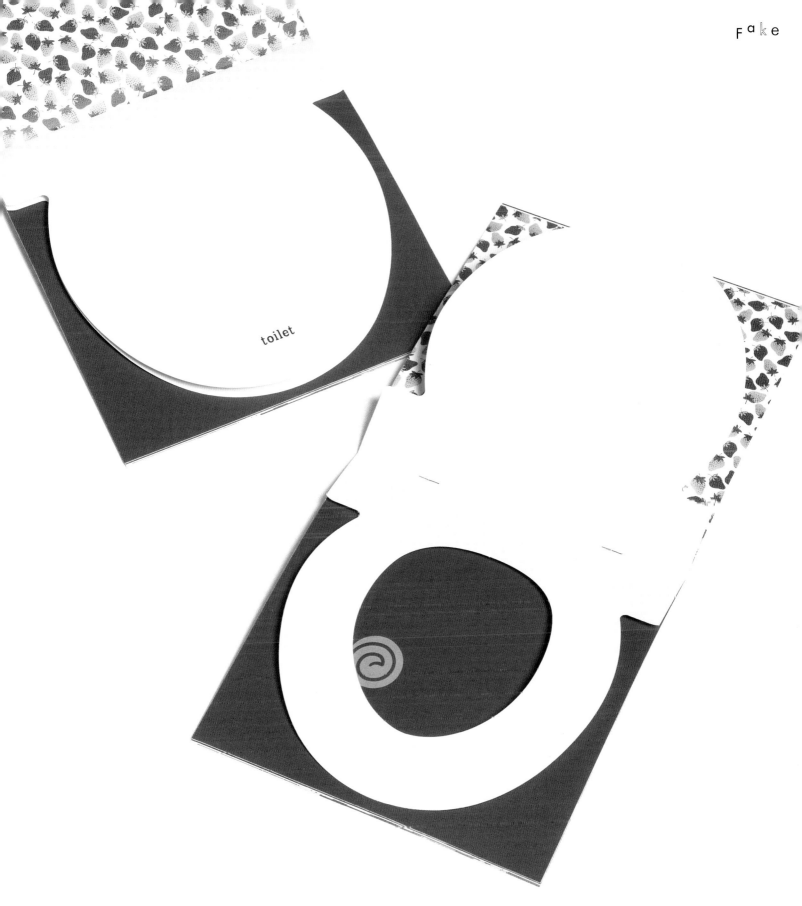

toilet

型抜きした、
ふた付きのトイレが挟み込まれた
楽しいパンフレット。

A die-cut toilet seat and lid have been bound into
this playful theatrical pamphlet.

「トイレット」劇場パンフレット
CL：ショウゲート／スールキートス　AD, SB：大島依提亜
P：ケイトリン・クローネンバーグ

歯AX

To:　　　　　　　　　　　様
From:
Date:　　年　月　日／計　枚
Subject:

□ お読みいただければ結構です。
□ お返事ください。
□ 至急ご連絡ください。
☑ 歯をおだいじに。

青山歯科
Aoyama Dental Clinic

〒057-0034
浦河郡浦河町堺町西6丁目1-10
TEL ☎ 0120·06·8415
　　　　 0146·22·8415
FAX 　 0146·22·8416

お世歯になっております。

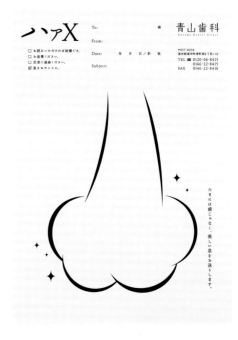

罫線で「歯」を象った FAX 用紙。
バリエーションが楽しい演出に。

A dental clinic fax sheet with message lines in the form of
a tooth. Variations on the theme enhance the fun.

歯科医院の FAX 用紙

CL：青山歯科　CD, AD, D, CW：佐藤健一　CW：池端宏介
DF, SB：寺島デザイン制作室

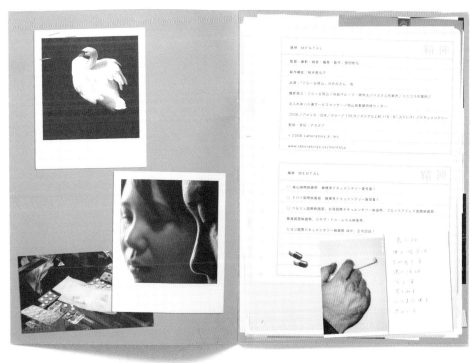

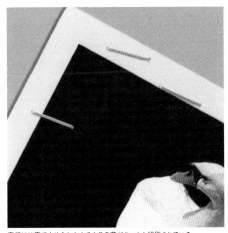

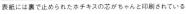

表紙には裏で止められたホチキスの芯がちゃんと印刷されている

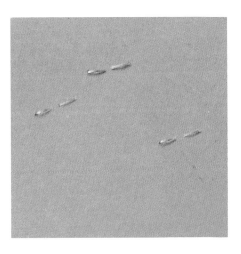

カルテにみたてた映画パンフ。
シワや汚れ、ホチキスのあとなど
細部までリアルに再現。

A movie pamphlet fashioned after a medical record. Wrinkles, stains, staple marks, etc. look almost as real as real can get.

「精神」映画パンフレット
CL：アステア　AD, D：近藤ちはる　DF, SB：ウルトラグラフィクス

なんだかわくわくする!?
絆創膏をそのまま拡大したドラッグストアの会社案内。

It's a bit of a thrill!? A company brochure for a drug-store chain that looks like a giant band-aid!

失敗できる薬剤師さんを、全国で探しています。/ 会社案内

CL：杏林堂薬局　Direcor, CW：小柳有加　AD：西ノ宮範昭（ON）　I, D：臼倉沙織（ON）　A, SB：ワイキューブ
Printing：サンニチ印刷

ami-ku
-ken

nami-ku
a-ken

Iinami-ku
ka-ken

年　　月　　日

内・外用薬

様

用法

1日　　回　　日分

食前・食後［朝・昼・夜］・寝る前

1回　　色　　錠
　　　　色　　錠
　　　　色　　錠

頓服（痛み止め）　　　　錠／回

うがい薬　　　塗り薬　　　座薬

**象徴的なキーアイテムを
さりげなく効かせた
ひと味違う歯科医院の薬袋。**

This medicine envelope for a dental clinic makes use of a
symbolic visual in simple yet very effective way.

歯科医院の薬袋
CL：K's デンタルクリニック　CD, AD, D：佐藤健一
DF, SB：寺島デザイン制作室

KOC K'sデンタルクリニック
〒064-0808　札幌市中央区南8条西15丁目1-5
Free Dial.0120-461-897　Tel.011-552-4618　Fax.011-552-4182

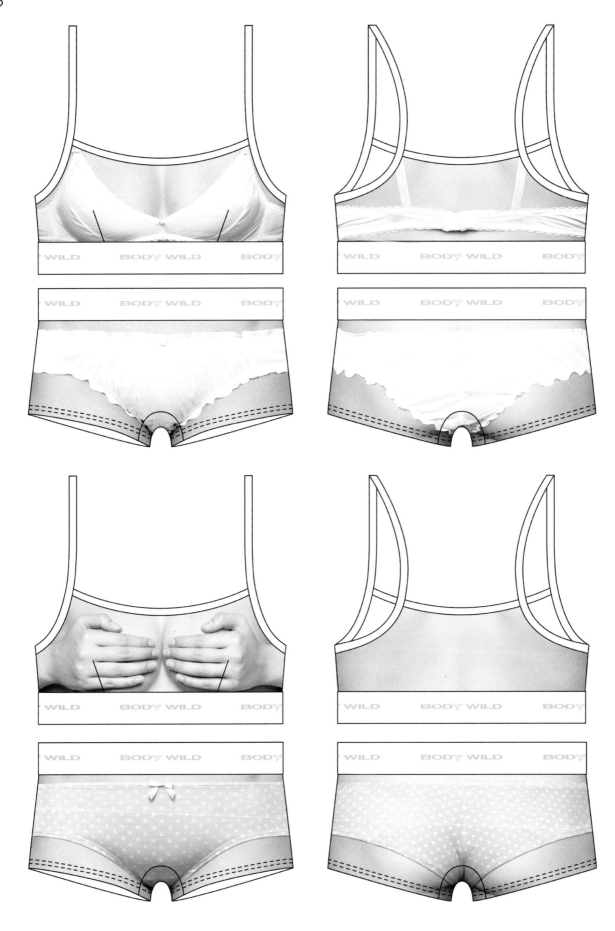

リアルなフェイクが、強烈なインパクト！
思わず目を見張る楽しい下着。

Underwear that makes you do a double take. Realistic fakes with tremendous impact!

GUNZE BODY WILD トロンプルイユシリーズ
CL：GUNZE BODY WILD presents パンツの万国博覧会「パンパク」　CD, AD：えぐちりか　P：佐藤博文（Tenteng）
CG：佐藤真司　Styling：丸本達彦　Photo produder：野美山祐介　DF, SB：電通

いつもの組み合わせも、視点を変えれば
エロくてかわいい別の姿に。

A change of perspective on a familiar combo creates an entirely different,
charmingly erotic impression.

リカクチュール店頭ブランディングポスター
CL：リカクチュール　AD, D：永松りょうこ

栞が髪の毛に!?
ありえない「違和感」が
心に残るスパイスに。

Bookmarks as hair?! Herein lies the spice that makes
the unthinkable memorable.

ステーショナリー
CD, AD, D：大谷有紀　I：井上恵子　SB：2e

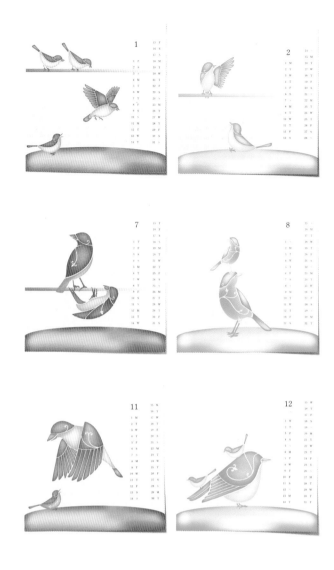

月ごとに、
かごの中身を入れ替えられる
鳥かごカレンダー。

A bird calendar. With each change of month,
a new set of birds appears in the birdcage.

美容室のカレンダー
CL：ヘアースペース ハーティ　D：向井まどか　DF, SB：アリカデザイン

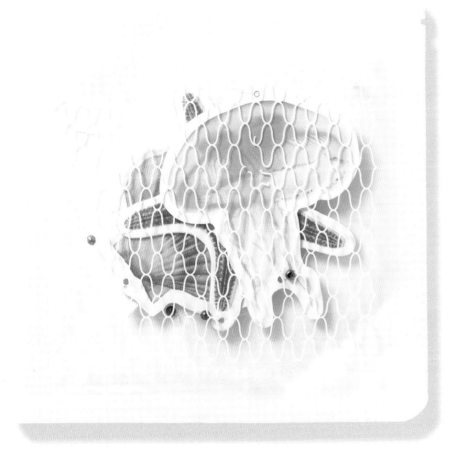

網を模した透明な封筒が
もらったときのトキメキを誘う
海のモチーフのモビール型DM。

The transparent net-like envelope of this direct-mail,
sea-themed mobile stimulates the recipient's sense of
excitement.

ファンクラブ会員向け DM
CL：黒猫堂　AD, D：中村洋太　DF, SB：フラットルーム

みたてる

DICのカラーチップにみたてた
2008年の年賀状。
2008番の特色で印刷。

This 2008 New Year card fashioned after a color swatch
sheet was printed in DIC match color number 2008.

デザイン事務所の年賀状
CL：フラットルーム　AD, D：中村洋太　PR：種市一寛
DF, SB：フラットルーム

FR new year greetings
FLATROOM LLC.

POST CARD

料金別納郵便

年賀

FR · 2008
HAPPY NEW YEAR

FR · 2008
HAPPY NEW YEAR

FR · 2008
HAPPY NEW YEAR

FR · 2008
HAPPY NEW YEAR

FR · 2008
HAPPY NEW YEAR

FR · 2008
HAPPY NEW YEAR

FR · 2008
HAPPY NEW YEAR

FR · 2008
HAPPY NEW YEAR

FR · 2008
HAPPY NEW YEAR

FR · 2008
HAPPY NEW YEAR

FR · 2008
HAPPY NEW YEAR

新年明けましておめでとうございます。
旧年中はたいへんお世話になりました。
本年もどうぞよろしくお願い申し上げます。

Flatroom
105-0011 東京都港区芝公園1-3-1
留園ビル 5F スパイクフィルムス内
tel : 03-5408-7799
fax : 03-5403-3044
mail : info@flatroom.jp

DIC color guide
PART II
DAINIPPON INK &
CHEMICALS, INC.

DIC.
PART II　4版

DIC.
PART II　4版

DIC.
PART II　4版

DIC.
PART II　4版

恋を信じる男の子と信じない女の子の、
ビタースウィートな500日の物語。

Introduction

ズーイー・デシャネル
Zooey Deschanel

Cast Profile

トムとサマーの500日を色づける数々のメロディ　音楽について

Production Note

…この時代におけるロマンティックなストーリーとは？──脚本について

Production Note

ファッションが紡いでいくラブストーリー──衣装デザインについて

(500) Days of Summer

(500)日のサマー

1

Monday

カレンダー型のパンフレット。
冊子を「定形外」で見せることで
目を引くデザインに。

A pamphlet fashioned after a calendar,
striking for its 'standard-format' presentation.

「(500)日のサマー」プレスパンフレット
CL：20世紀フォックス　AD, SB：大島依提亜

155

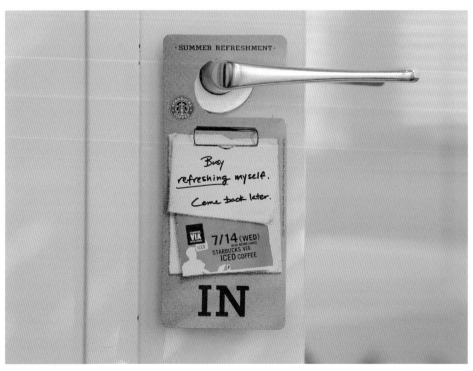

持ち帰ったあと、そのまま
自宅やオフィスで使用できる
店頭フライヤー。

A takeaway store flyer designed to be reused at home
and the office.

新商品告知のための小型フライヤー
SB：Starbucks Coffe Japan

MITSUBISHI ESTATE CO., LTD.
Otemachi Building, 6-1, Otemachi 1-chome, Chiyoda-ku, Tokyo 100-8133, Japan   www.marunouchi.com

丸の内「ブリックスクエア」をモチーフにした
グリーティンクカード。レンガを模したミシン目加工。

A greeting card taking Maronouchi's Brick Square building as its motif, the perforations likened to bricks.

Build Your Message!!
CL：三菱地所　AD：八木義博　D：木村 洋／花田克斗志　CW：筒井晴子　A：電通／カタチ　Printing Director：在本 剛

飛行機の尾翼を模したカード。
開くとツリー型の
クリスマスカードになる。

A card patterned after an the tailfin of an airplane opens
into the form of Christmas tree.

グリーティングカード
CL：BRITISH AIRWAYS　CD, CW：鶴田茂高　AD：西 克徳
D：佐久間由実　DF, SB：ホノルル

INVITATION

PRESS ROOM exhibition

5.25 [tue] - 5.28 [fri] AM10:00 - PM6:00

クリスマスディナーを思わせる
お皿＋ランチョンマット型の楽しい展示会DM。

A playful direct-mail exhibition announcement designed to suggest Christmas dinner.

クリスマス展示会招待状
CD：飛田眞義　D, I, P：増子勇作　SB：イー・エム

CRUST
1 recipe basic pizza dough
(see pages 8-11)

TOPPING

2 tablespoons extra-virgin olive oil · 5 ounces (150 g) fresh water buffalo mozzarella cheese, thinly sliced · 4-6 large zucchini (courgette) flowers, rinsed and dried · 6-8 cherry tomatoes, halved · Salt and freshly ground black or white pepper

SERVES: 2; PREPARATION: 15 MINUTES · TIME TO PREPARE & LEAVEN THE DOUGH; COOKING: 10-15 MINUTES

pizza with **cherry tomatoes & zucchini flowers**

CRUST 1. Prepare the pizza dough following the instructions on pages 8-11. Set aside to rise. 2. Preheat the oven to 500°F (250°C/gas 10). 3. Oil an 11-inch (28-cm) pizza pan. 4. Knead the risen pizza dough briefly on a lightly floured work surface then press it into the prepared pan using your hands.
TOPPING 5. Drizzle the dough with 1 tablespoon of oil and cover with the mozzarella, leaving a ½-inch (1-cm) border all around. Top with the zucchini flowers and cherry tomatoes and drizzle with the remaining oil. Season with salt and pepper. 6. Bake until the base is crisp and golden brown and the cheese is bubbling and beginning to brown, 10-15 minutes. 7. Serve hot.

Zucchini flowers are available in farmer's markets in spring and summer. Their fresh, delicate taste adds a touch of class to this pizza. Serve it with a glass of cool, crisp white wine.

• If you liked this recipe, try the pizza capricciosa on page 40.

OVER 50 easy-to-make, delicious, economical RECIPES

Includes recipes for thick and thin, as well as whole-wheat and gluten-free crusts

pizza

PAGE ONE

CRUST
1 recipe basic pizza dough

TOPPING

· 3 ounces (90 g) mozzarella cheese
· 2 ounces (60 g) coarsely grated Gorgonzola cheese, crumbled · 3 tablespoons · 1 recipe

SERVES: 2; PREPARATION: & LEAVEN THE DOUGH

pizza 4 cheese

CRUST 1. Prepare the pizza dough following the instructions on pages 8-11. Set aside to rise. the oven to 500°F (250°C/gas 10). 3. (28-cm) pizza pan. 4. Knead the risen briefly on a lightly floured work surface into the prepared pan using your hands.
TOPPING 5. Spread the dough evenly cheeses, leaving a ½-inch (1-cm) border Bake until the crust is crisp and golden cheeses are bubbling and beginning to minutes. 7. Top with the pesto

CRUST
1 recipe basic pizza dough (see pages 8–11)
TOPPING
2 tablespoons extra-virgin olive oil • 1 small onion, finely chopped
• 2 cloves garlic, finely chopped • 2 small white mushrooms, sliced
• 1 tablespoon tomato paste • 1 cup (250 g) canned tomatoes, with juice
• ½ teaspoon dried oregano • ¼ teaspoon fennel seeds, crushed • 3 ounces (90 g)
pepperoni (salami), thinly sliced • 3½ ounces (100 g) mozzarella cheese, thinly sliced or shredded
• 2 tablespoons freshly grated Parmesan cheese
SERVES: 2; PREPARATION: 15 MINUTES • TIME TO PREPARE
& LEAVEN THE DOUGH; COOKING: 25–30 MINUTES

pizza with
pepperoni, mushrooms & fennel

CRUST 1. Prepare the pizza dough following the instructions on pages 8–11. Set aside to rise. 2. Preheat the oven to 500°F (250°C/gas 10). 3. Oil an 11-inch (28-cm) pizza pan. 4. Knead the risen pizza dough briefly on a lightly floured work surface then press it into the prepared pan using your hands. **TOPPING** 5. Heat 1 tablespoon of oil in a small pan and sauté the onion until softened, 3–4 minutes. Remove from the pan and set aside. Heat the remaining 1 tablespoon of oil in the same pan. Add the garlic and mushrooms and sauté until softened, 3–4 minutes. Add the tomato paste, tomatoes, oregano, and fennel and simmer for 5 minutes. 6. Spread the tomato mixture evenly over the dough, leaving a ½-inch (1-cm) border all around. Top with the pepperoni, onion, mushroom mixture, mozzarella, and Parmesan. 7. Bake until the crust is crisp and golden brown and the cheeses are bubbling and beginning to brown, 10–15 minutes. 8. Serve hot.

This pizza has a thick, nutritious topping that will go best with a thick crust (see page 8).

● If you liked this recipe, try the pizza with spicy salami on page 70.

...hredded
...ounces (60 g)
...d pecorino cheese

...O PREPARE
...INUTES

...th
...x pesto

Provolone cheese can be either sweet or spicy, plain or smoked. Use a spicy, aged provolone for best results with this pizza, or a smoked substitute the provolone with a tasty, semi-hard local cheese.

● If you liked this recipe, try the two-cheese pizza on page 54.

丸く型抜きされた
実物大の写真が載った
食欲をそそるレシピブック。

Die-cut circular pages and life-sized photos create
a cookbook that looks good enough to eat!

書籍「Pizza」
SB：McRae Books Srl

板チョコの形に圧縮されたTシャツ。
リアルなパッケージで
開けるときも楽しめる。

A T-shirt compressed into the shape of a chocolate bar, the
real look of the package making it a delight to open.

Chocolate T-shirt
CL：エイ・ネット　CD：津村耕佑　AD, D：いすたえこ　SB：ボストーク

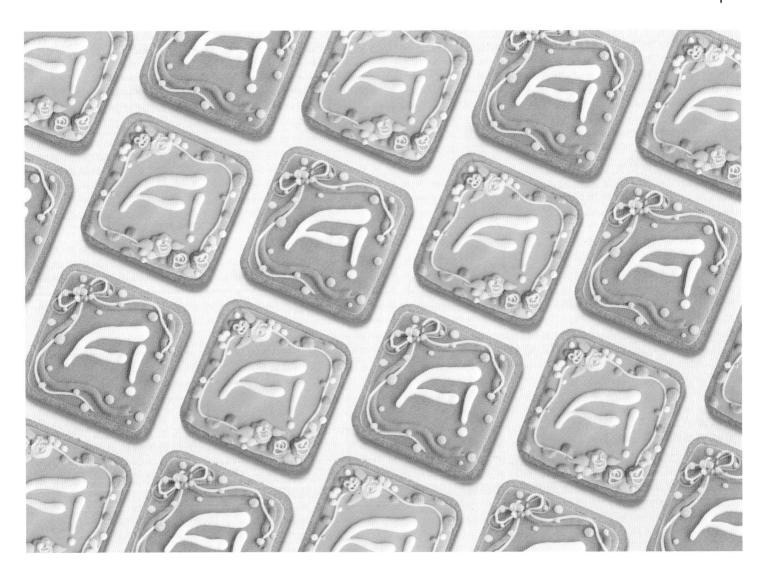

デコレーションクッキー専門店

Dear Fun!tasy

060-0042
札幌市中央区大通西18丁目1-12
カンダミニアム大通301
TEL&FAX **011-676-5227**
○ご注文はお電話、もしくは
ホームページからお願いいたします。
http://dearfuntasy.com

デコレーションクッキー作家

板倉あさは
Asaha Itakura

Dear Fun!tasy

060-0042
札幌市中央区大通西18丁目1-12
カンダミニアム大通301
TEL&FAX 011-676-5227
shop@dearfuntasy.com
http://dearfuntasy.com

小さなデコレーションクッキーが
そのままショップカードと名刺に。
裏面もこんがりと。
Business cards fashioned after iced cookies.
The backs are also browned to perfection!

デコレーションクッキー専門店のショップカードと名刺
CL：Dear Fun!tasy　CD, AD, D：佐藤健一　DF, SB：寺島デザイン制作室

形違いのバリエーションが楽しい
本物みたい！な原寸のレシピ本。

'Life-sized' recipe books in various playful shapes,
just like the real thing!

書籍『THE COOKIE BOX』
SB：McRae Books Srl

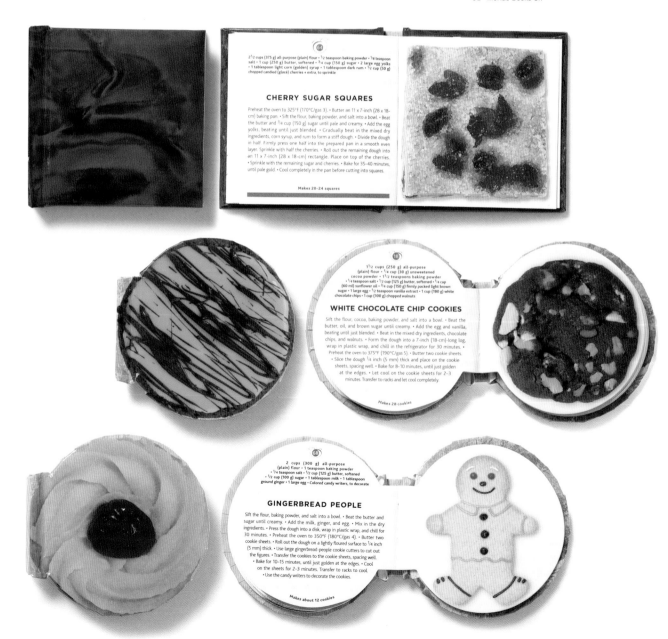

2¹/₂ cups (375 g) all-purpose (plain) flour • ¹/₂ teaspoon baking powder • ¹/₈ teaspoon
salt • 1 cup (250 g) butter, softened • ³/₄ cup (150 g) sugar • 2 large egg yolks
• 1 tablespoon light corn (golden) syrup • 1 tablespoon dark rum • ¹/₂ cup (50 g)
chopped candied (glacé) cherries + extra, to sprinkle

CHERRY SUGAR SQUARES

Preheat the oven to 325°F (170°C/gas 3). • Butter an 11 x 7-inch (28 x 18-
cm) baking pan. • Sift the flour, baking powder, and salt into a bowl. • Beat
the butter and ³/₄ cup (150 g) sugar until pale and creamy. • Add the egg
yolks, beating until just blended. • Gradually beat in the mixed dry
ingredients, corn syrup, and rum to form a stiff dough. • Divide the dough
in half. Firmly press one half into the prepared pan in a smooth even
layer. Sprinkle with half the cherries. • Roll out the remaining dough into
an 11 x 7-inch (28 x 18-cm) rectangle. Place on top of the cherries.
• Sprinkle with the remaining sugar and cherries. • Bake for 35-40 minutes,
until pale gold. • Cool completely in the pan before cutting into squares.

Makes 20-24 squares

1¹/₂ cups (250 g) all-purpose
(plain) flour • ¹/₄ cup (30 g) unsweetened
cocoa powder • 1¹/₂ teaspoons baking powder
• ¹/₄ teaspoon salt • ¹/₂ cup (125 g) butter, softened • ¹/₄ cup
(60 ml) sunflower oil • ³/₄ cup (150 g) firmly packed light brown
sugar • 1 large egg • ¹/₂ teaspoon vanilla extract • 1 cup (180 g) white
chocolate chips • 1 cup (100 g) chopped walnuts

WHITE CHOCOLATE CHIP COOKIES

Sift the flour, cocoa, baking powder, and salt into a bowl. • Beat the
butter, oil, and brown sugar until creamy. • Add the egg and vanilla,
beating until just blended. • Beat in the mixed dry ingredients, chocolate
chips, and walnuts. • Form the dough into a 7-inch (18-cm)-long log,
wrap in plastic wrap, and chill in the refrigerator for 30 minutes. •
Preheat the oven to 375°F (190°C/gas 5). • Butter two cookie sheets.
• Slice the dough ¹/₄ inch (5 mm) thick and place on the cookie
sheets, spacing well. • Bake for 8-10 minutes, until just golden
at the edges. • Let cool on the cookie sheets for 2–3
minutes. Transfer to racks and let cool completely.

Makes 28 cookies

2 cups (300 g) all-purpose
(plain) flour • 1 teaspoon baking powder
• ¹/₄ teaspoon salt • ¹/₂ cup (125 g) butter, softened
• ¹/₂ cup (100 g) sugar • 1 tablespoon milk • 1 tablespoon
ground ginger • 1 large egg • Colored candy writers, to decorate

GINGERBREAD PEOPLE

Sift the flour, baking powder, and salt into a bowl. • Beat the butter and
sugar until creamy. • Add the milk, ginger, and egg. • Mix in the dry
ingredients. • Press the dough into a disk, wrap in plastic wrap, and chill for
30 minutes. • Preheat the oven to 350°F (180°C/gas 4). • Butter two
cookie sheets. • Roll out the dough on a lightly floured surface to ¹/₄ inch
(5 mm) thick. • Use large gingerbread-people cookie cutters to cut out
the figures. • Transfer the cookies to the cookie sheets, spacing well.
• Bake for 10-15 minutes, until just golden at the edges. • Cool
on the sheets for 2–3 minutes. Transfer to racks to cool.
• Use the candy writers to decorate the cookies.

Makes about 12 cookies

わくわくさせる
目玉焼きの形をした
ウエディングパーティの招待状。

A fun-filled wedding invitation in the shape of two eggs,
sunny side up.

ウエディングパーティー招待状
AD, D：宮川 宏　DF, SB：ハッケヨイ制作所

HAPPYNING
WEDDING
PARTY

自慢の商品を実物大でリアルに見せて、
食べたくなる気持ちをかき立てる。

This real-looking life-sized presentation is bound to make the pride of this coffee shop irresistible.

「もっちりベーグル」販促リーフレット
CL：エクセルシオール カフェ　CD：中上寛基　AD：坂本克明　P：諸角 潤　D：本村栄喜　DF：エル ステージ
SB：ドトールコーヒー

次は何かな？　めくるのが楽しい
お皿型の丸い小冊子。
And what comes next? This plate-shaped pamphlet is a page-turner.

商業施設 / フリーペーパー
CL, SB：渋谷マークシティ　A：京王エージェンシー

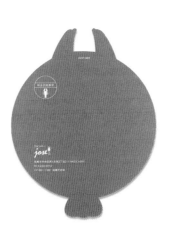

お皿からはみ出した
大きなザリガニ。
DMの内容をそのまま形に。
A lobster bigger than a dinner plate. That's the message
of this direct-mail promotion.

ワインバー DM
CL：ホセ　D：向井まどか　DF, SB：アリカデザイン

ペコちゃんが
「サブレみたいな質感」で
印刷加工されたギフトBOX。

Peko-chan reproduced on this gift box with the qualities of a sablé biscuit.

ペコちゃんサブレ ギフトパッケージ
CL：不二家　AD：阿部 博　D：池上 敬／深澤幸子
DF, SB：阿部博デザイン事務所

海老に見立てたロゴが、
波間から勢いよく跳ね上がる!
箱の側面で水面を表現。

A logo likened to a prawn, full of vitality appears to leap from the sea, the edge of the box reflecting the waves.

えびせんべいパッケージ
CL：志満秀　AD, D：松本健一　CW：吉川由佳子
Director：桑原康介（越後妻有里山協働機構）　DF, SB：E.

あっ！ この帽子は…
人気のキャラクターだからこそ
できるシンボリックなデザイン。

Hey! I know that hat...
Symbolic design, achievable because the character is
familiar to everyone.

くいだおれ太郎プリンパッケージ
SB：太郎フーズ

© 江草天仁・Alchemist／「びんちょうタン」製作委員会

幕の内弁当に見立てた装丁。
扉にはご飯、中面の小見出しには
バランなど、細部まで楽しい。

A book fashioned after a bento box lunch, with playful
details such as rice for the dividers, and the subheadings
separated by baran leaves.

びんちょうたん公式手引書
CL：マッグガーデン　AD：釣巻敏康　I：江草天仁
D：内山絵美／原田あゆみ／諸橋 藍　SB：釣巻デザイン室

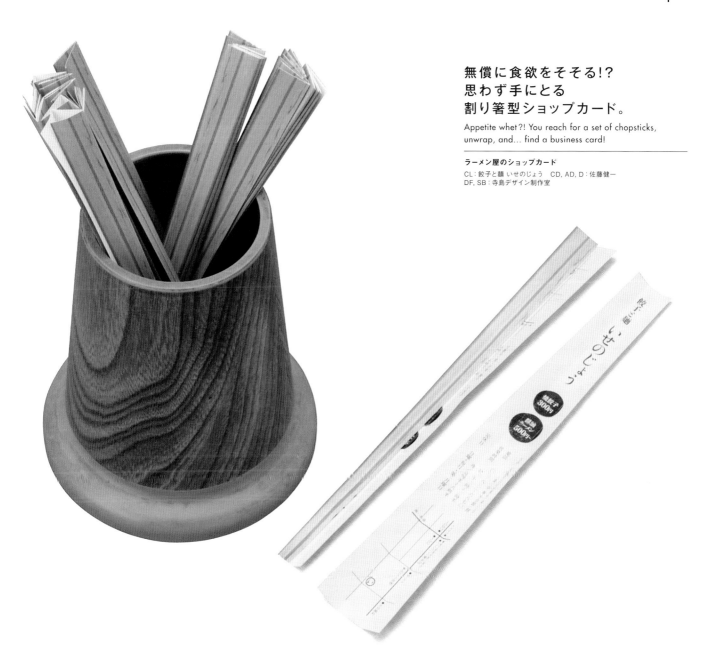

無償に食欲をそそる！？
思わず手にとる
割り箸型ショップカード。

Appetite whet?! You reach for a set of chopsticks,
unwrap, and... find a business card!

ラーメン屋のショップカード
CL：餃子と麺 いせのじょう　CD, AD, D：佐藤健一
DF, SB：寺島デザイン制作室

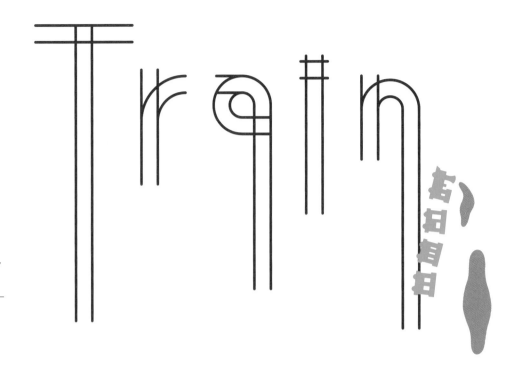

文字を線路のレールに見立てて
汽車を走らせた
鉄道をテーマにした公募展ロゴ。

Logo for an exhibition geared towards railroad maniacs,
the letterforms mimicking the tracks on which a steam
engine chugs along.

「鉄道をミニいってツクる展」シンボルロゴタイプ
CL：中央線デザイン倶楽部　CD：萩原 修　AD, D, SB：宮内賢治

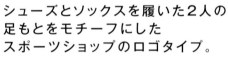

シューズとソックスを履いた2人の
足もとをモチーフにした
スポーツショップのロゴタイプ。

The logotype for a sporting goods shop, the letterforms
likened to two legs clad in socks and shoes.

スポーツショップのシンボルロゴタイプ
CL：スポーツショップ バル　AD, D, SB：佐々木大輔　CW：池端宏介

「契約数No.1、責任感No.1」を
象徴する数字の1を
シンボルキャラクターで表現。

Symbol/character expressing the motto: 'No.1 in sales
contracts, No.1 in responsibility'.

「いちばんのせきにん」入社案内のシンボルロゴタイプ
CL：アフラック　CD：森永真司／宮地靖子　AD, SB：齋藤徹史
CW：岩並芳夫　A：リクルートメディアコミュニケーションズ　DF：ハイライフ

Others

その他

あんなしかけ、こんなしかけ

まだまだあるある

コピー用紙がそのままトロフィーに。
下の賞ほど大きいのは、
より練習する必要があるから。

A ream of copy paper forms a trophy. The lower the prize,
the larger the paper, suggesting the need for further practice.

札幌コピーライターズクラブ 2007 トロフィー
CL：札幌コピーライターズクラブ　AD, D, SB：上田 亮
Printing Director：塚田敬昭

漫画調のトーンと効果音が受賞の衝撃を演出。
受賞者の表情が映って完成する鏡のトロフィー。
The word 'bang!' from manga dramatizes the impact of receiving the award.
The trophy also has a mirror finish, to reflect the recipient's expression.

札幌アートディレクターズクラブ Competition & Award 2007 トロフィー
CL：札幌アートディレクターズクラブ　AD, D, SB：上田 亮　D：高橋理恵　I：児玉美也子
Printing Director：塚田敬昭

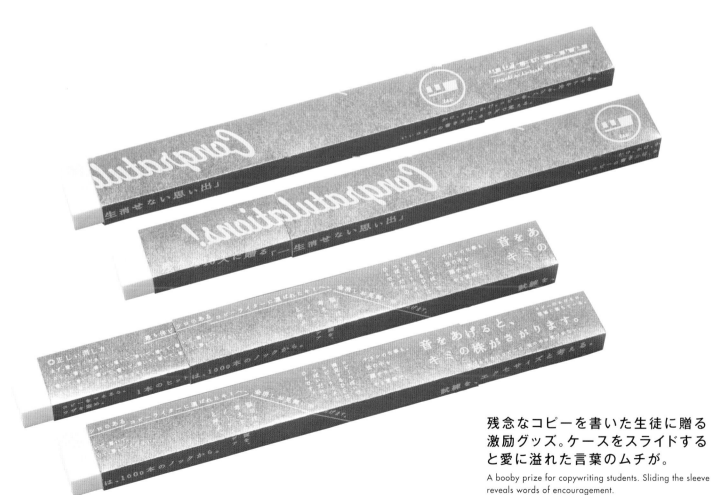

残念なコピーを書いた生徒に贈る
激励グッズ。ケースをスライドする
と愛に溢れた言葉のムチが。
A booby prize for copywriting students. Sliding the sleeve
reveals words of encouragement.

コピー講座のノベルティ
CL：宣伝会議コピーライター養成講座 名古屋教室 都築徹クラス
AD, D：平井秀和　CW：都築 徹　A：電通中部支社
DF, SB：ピースグラフィックス

新しい1年のはじまりに
新しい事務所はじめました。

本年もよろしくお願いいたします。

Flatroom

105-0011東京都港区芝公園1-3-1

留園ビル5Fスパイクフィルムス内

TEL.03-5408-7799

FAX.03-5403-3044

URL.www.flatroom.

Flatroom

105-0011東京都港区芝公園1-3-1

留園ビル5Fスパイクフィルムス内

TEL.03-5408-7799

FAˇ

Flatroom

105-0011東京都港区芝公園1 3-1

留園ビル5Fスパイクフィルムス内

TEL.03-5408-7799

FAX.03-5403-3044

URL.www.flatroom.jp

料金別納郵便

年賀

Graphic Designer

中 村 洋 太
yota@flatroom.jp
090-9397-1888

Graphic Designer

種 市 一 寛
tane@flatroom.jp
090-3597-7736

Graphic Designer

髙 橋 真 都 佳
takahashi@flatroom.jp
090-9531-7876

料金別納郵便

年賀

Graphic Designer

中 村 洋 太
yota@flatroom.jp
090-9397-1888

Graphic Designer

種 市 一 寛
tane@flatroom.jp
090-3597-7736

Graphic Designer

髙 橋 真 都 佳
takahashi@flatroom.jp
090-9531-7876

事務所設立の挨拶を兼ねて
スタッフ全員の名刺を
そのまま年賀状に。

Marking also the establishment of the office, the business
cards of the entire staff were made into a New Year card.

年賀状
CL：フラットルーム　AD, D：中村洋太　PR：種市一寛
DF, SB：フラットルーム

裏面

新しい名刺交換の役割も果たし
一石二鳥な事務所の移転案内。

An office-relocation announcement kills two birds with one stone by also distributing new business cards.

会社の引越通知
AD：西 克徳　D,I：田中 綾　SB：ホノルル

12ヶ月連続の月変わり公演。
チケットを集めれば1枚の
つながったポスターが完成する。

Collecting the tickets from a year's worth of monthly performances completes the poster.

「火曜日のシュウイチ」演劇ポスター・チケット
CL：坂口修一　AD, D：黒田武志　DF, SB：サンドスケイプ

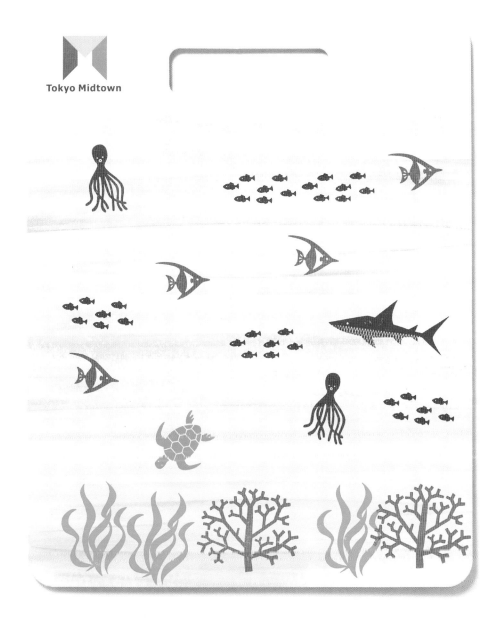

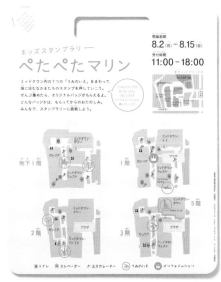

子供のためのスタンプラリー。
からっぽの海に生き物が
増えていく楽しいアイデア。

A stamp rally for kids. The fun lies in seeing a barren sea full with life.

キッズスタンプラリー
CL：東京ミッドタウン　AD：カイシトモヤ　D：酒井博子／柏岡一樹
CW：池端宏介　P：福井 馨　什器設計：芦沢啓治
DF, SB：ルームコンポジット

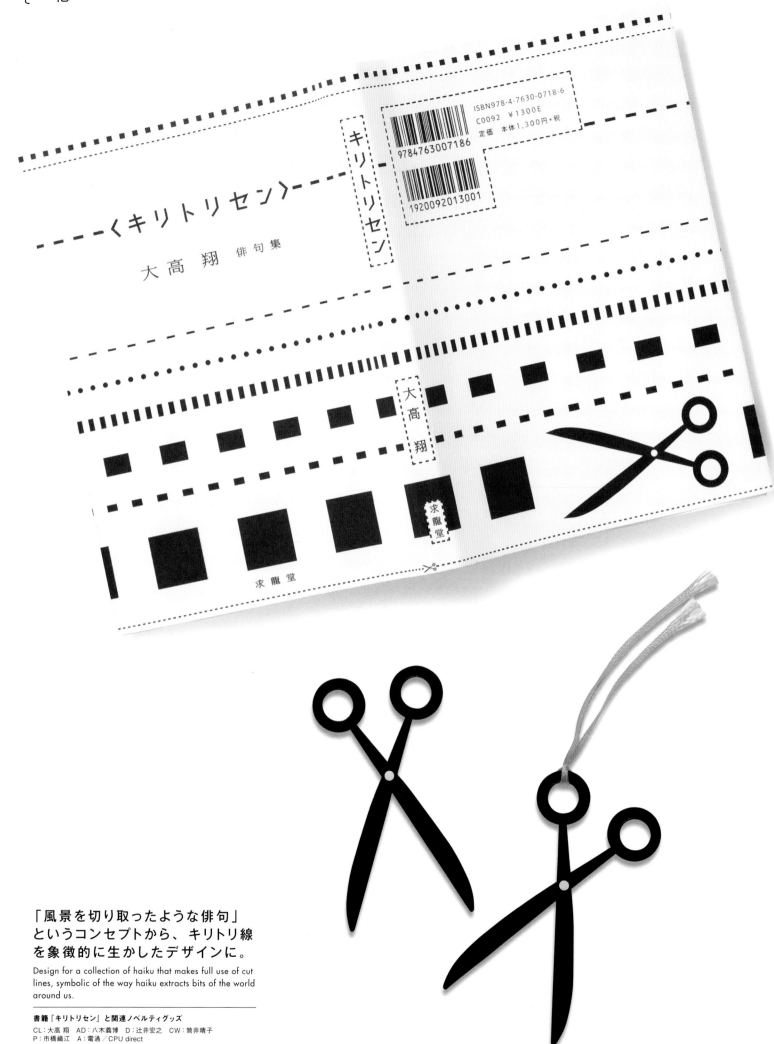

〈キリトリセン〉

大高 翔 俳句集

ISBN978-4-7630-0718-6
C0092 ¥1300E
定価 本体1,300円+税

9784763007186
1920092013001

求龍堂

「風景を切り取ったような俳句」
というコンセプトから、キリトリ線
を象徴的に生かしたデザインに。

Design for a collection of haiku that makes full use of cut
lines, symbolic of the way haiku extracts bits of the world
around us.

書籍『キリトリセン』と関連ノベルティグッズ
CL：大高 翔　AD：八木義博　D：辻井宏之　CW：筒井晴子
P：市橋織江　A：電通／CPU direct

戻るすべ知らず
黄落
踏んでゆく

公園出て黄落の時間置き去りに

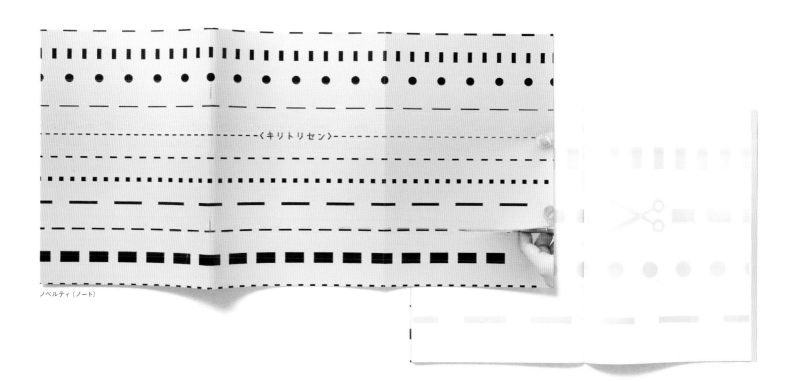

〈キリトリセン〉

ノベルティ（ノート）

〈キリトリセン〉

ノベルティ（テープ）　　　　　　　　ノベルティ（ふろしき）

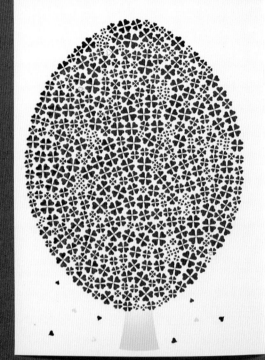

拝啓

初冬の候、ますます御健勝のこととお喜び申し上げます。平素は格別のご高配を 賜り、厚く御礼申し上げます。

この度、株式会社テイクアンドギヴ・ニーズを退職することになりました。今まで 大変お世話になり、本当にありがとうございます。

2008年6月26日に取締役を退任した際に、ひとまずご挨拶をさせていただくべき でしたが、それまでと同様に業務に励む意志を貫きたかったため、また、諸々の状 況について考慮を重ねた結果、控えさせていただきました。ご挨拶が今になってし まったことをお許しいただければ幸いです。また、今までのご厚意への感謝の気持 ちをお伝えさせていただきたく、手紙をお送りさせていただいていることをご容赦 頂ければ幸いです。

仕事を通じて、ご指導、ご支援いただき、本当にありがとうございました。株式会 社テイクアンドギヴ・ニーズでの約6年間は、まさに私にとってかけがえのない時 間でした。人を想うこと、仕事を想うこと、仕事に携わっている人たちの家族を想う こと。そして、その想いをもって行動することの大切さ…。言葉にはできないほど 多くのことを学ばせていただきました。反省と確認を繰り返しながらの毎日でした。ここで出会ったみなさま、おひとりおひとりは、いつまでも私の中に刻まれる 方々です。みなさまからエネルギーをいただきました。決して折れない情熱と信念を 持つこと。行動すること。それを分ち合えたのは、私にとってなによりの宝物です。みなさまが助けてくださったおかげで、会社も自分も頑張ってこれたのだと思います。

会社の想い。私の想い。今までひとつになっていたその想いが、少しづつそれぞれ の方向へと向かうようになりました。情熱と信念を分ち合った人たちと別れてし まうことは本当に申し訳ないと思っています。すみません。新しい一歩を踏み出す ことが、自分の気持ちに対し、真剣に向き合った答えです。「人の心を、人生を豊か にする」という想いを胸に、また、いつかみなさまの「お役に立てる」存在になれるよう、一層の精進をしていく所存でございます。

今まで、本当にありがとうございました。
これからも、よろしくお願いいたします。

寒さが厳しくなりはじめました。お体にはくれぐれもお気をつけください。みな さまの今後のご活躍と幸せをお祈りいたします。
まずは略儀ながら書中をもって御礼かたがたご挨拶申し上げます。

敬具

2008年12月吉日

レーザーで細かく抜き加工。
封筒からハートがこぼれ落ちる
「想いのあふれる」挨拶状。

Tiny hearts laser cut from the greeting card, mailed together in the envelope, make for a message 'overflowing with feelings'.

退職の挨拶状
CL：個人の挨拶状　CD, CW：武藤雄一　AD, D：安田由美子
D：岡崎智弘　DF, SB：アイルクリエイティブ

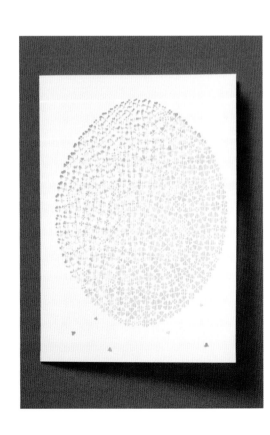

クローバー形の木の葉が抜け落ちたときにハートになる

おまけ

Index

索引

おまけ

「しかけ」の取り扱い注意について

祖父江 慎
Shin Sobue

Profile
1959年生まれ。1990年コズフィッシュを設立。人文書、小説、漫画などの書籍の装幀やデザインを幅広く手がける。主な仕事に吉田戦車『伝染るんです。』京極夏彦『どすこい』、恩田陸『ユージニア』、糸井重里『いいまつがい』、ディック・ブルーナ『うさこちゃんの絵本シリーズ』など多数。

デザインの「しかけ」について、お話をうかがいたいんですが……。

え？　「デザインでしかけて、売っちゃえ」……って発想が、そもそもダメじゃん。

祖父江さんの本には、あちこちに「しかけ」が隠されてるように思うんですが、それって「しかけ」じゃないんですか？

が〜ん。少なくともデザインしてるときは「しかけ」なんてつもりはないよ〜。……でも、結果的にそう見えちゃうんだったら、しょうがないじょ〜。反省します。

えー！　それでは、祖父江さんがデザインするときの表現法って、「しかけ」じゃなくって、どういう言葉になるんですか？

ブックデザインでのジャケット回りだったらね、「ご挨拶」って感じ。どんなふうに読者に「こんにちは」をいうと良いんだろうって。一瞬で相手に何を伝えればいいかと考えるからこそ、その表現の選択を間違えちゃいけないなっていう感じです。

あんまりなんでもかんでも装丁で伝えようってのは、よくないよね。逆に伝わらなくなっちゃうから。だって、はじめて会った人にさ、あまりくどくどと自分のことを説明し

たりしないでしょ？　初対面で自分のことばかり相手に伝えようとすると、相手はひいちゃうものですものね。知りたい人はちゃんと本を読んでくれる。

で、どんなご挨拶がいいかといえば、記憶に残ること。なので、もしも他の本と比べて、この本はちょっと違うぞって部分があったら、そんな部分こそきちんと見せていくことを大切に考えてます。その特徴が他とはどう違うのかっていうことを詰めるんです。なので、売れてる本に近づけるってことではぜんぜんないんですね。もしかしたらその逆かも知れない。

そのためには、ちゃんと味わわなくっちゃいけないんです。ぼくは「うっとりしてみる」っていっちゃうんですけど。我を忘れて、「しかけ」ることとか企画することなんかも考えずじっくり味わうと、他との差というか、ちょっと他とはずれちゃったような独特な所が見えてくる。なんでもそうなんだけど、うまくいってるものや完成されたものって、まわりとコミュニケーションしにくいんです。まるで死んじゃってるみたいに。なので、いい意味としての「うまくいってないところ」を大切にするんです。完璧でないぶん不安定なの。不安定だからこそコミュニ

ケーションもしてくれるの。それこそ生命力じゃん！　って思うんですよ〜。

普通じゃないけどすごくいい感じ！　というところを極めていくと、それがたまたま「しかけ」みたくになっちゃうってことは、あるかもしれないけど、「しかけ」ようとしてしかけちゃダメなんです。順番が逆になっちゃいけません。うっとりしてたら普通とは違うものが見えてきた。でも、そこが魅力でもあるんだから、そのとおりに「なっていってしまうデザイン」を大事に育てていくんです。

祖父江さんのデザインはそうした過程を経て最終的に生まれているのですね。

僕はいつもそんなふうに「なっていく」過程をお手伝いしている感じなんです。

おいしいのに見た目がイマイチのお菓子があったとするでしょ。自分がもしそれをおいしそうに見せたいと思っても、見た目を変えたら味が落ちてしまうようなら、「見た目がイマイチ」ってマイナスイメージの方を大事にする。見た目は悪いです、でもおいしいから食べてほしいです、というアピールの順番です。もともとすべてのものには独特さや独自さがあるんだから、無理に「こうあるべきだ」という形に落としこまない。あくまで、

商品が今こうなんだってイメージを明解な形にすべく手伝っているって感じなんです。

本来あるものを無理にデザインで矯正しないことが大事なんですね。

そうそう、矯正しない。それぞれがもともと持っているエネルギーは、傾向と対策とかの判断で直したりせずに、そのまま大事に起こしていくんです。

わかりやすくいえば、面白いけど下品なギャグマンガなら、下品な部分を覆い隠したりごまかしたりしないで、ちゃんと「下品」を大切にしてはっきりと出すほうが絶対にいいんですよ。ほどほどへとバランスをとったようなデザインでは、商品になったとき元気がなくなっちゃうんです。

そういう気持ちになるにはどうすればいいのでしょう。

まず世間の常識や、一方的な正義感にとらわれないように注意して、自分の経験からだけで考えたりしないで、自分とは違う人や犬や虫の目でも味わってみることがいいのかも。なんに対しても始めて接する気持ちで見たり、考えたり、味わったりするんです。

われを忘れてそのものと向き合って、その内容や形が持つ他とは違うところを見つける。一見、見た目が似ている双子から、各々の特徴を見つける作業にも近いかも。特徴なので長所でも短所でもよくて、「この子は成績がいい」といったいわゆる社会的評価は入れません。「勉強はダメだけどクラスメイトに人気がある」という感じで長短の両側面を見せると、短所だと思われていた部分が意外と悪くなかったりする。それなら、そこを大切に伝えるようにご挨拶すればいいんです。

デザイン作業って、なんとなく進めてしまうと、ついついものが持っている独自性を

なぜか、さり気なく隠したり、他のものと揃えていってしまったりしてしまいがちなんです。なので、なにも感じないままにうっかりデザインを進めてしまわないように、「うっとり」の追求は納得のいくまですべきだと思います。

でも、一生懸命見ても何も見えてこなかった時はどうするのですか。

ほんの少しでも「おや？」と思った箇所をきちんと見ることですね。自分が「これは嫌かも」と思った部分でも、何かしら「嬉しさ」のあるような「嫌かも」なら、そこに大切なひっかかりが潜んでることが多いんですよ。われを忘れてうっとりワクワクして味わえば、根拠のあるリアルな姿がきっと見えてきますよ。それに、ものが形を持っているということじたいが、感謝な気持ちに似てますものね。

今回は、コンセプトや面白いアイデアの考え方についても取り上げているのですが、それに関してはどう思われますか。

「コンセプト」って、言葉の領域だから気をつけないとひとり歩きしちゃって「そもそものもの自体」を見失っちゃうことがあるよね。立ててもいいかもしんないけど、それに縛られないようにね。すぐに捨てられる勇気も必要。どっちかというと「思いつき」くらいのほうがいいかもね。合うなら進めればいいし、合わなければやめればいい。それくらいの気楽さがいい案配だと思います。

なるほど。他に気をつけるべきことはありますか？

「リサーチ」だっていらない。重視しすぎると、同じような商品ばかりができてきちゃう。なにが必要とされてるのかの調査よりも、

自分は今一番何を求めているんだろう？　って、身体に聞いた方が確実だし早い。他人が思ってることをそんなに気楽に自分のものに同定できるなんて思ってちゃ、大間違い。

先ほどの、自分の目でものをよく見るというお話に繋がってきますね。

リサーチやマーケティングって「今までは」どうか「周りは」どうか、ですからね。そういう社会のフィルターを通した価値観を基準にするよりも、直接、今自分が感じることを確認したほうがいいです。

それでは、自分自身の感じる気持ちを鍛える方法はありますか？

ぼくの場合は、あまり仕事とは関係なさそうな無駄なことについ燃えちゃいます。生き物を見たり、恐竜を思ったり。遊んだり。

その遊びがデザインに生かせることは…

仕事に生かそうと思って面白がるなんてつまらないでしょ。ぼんやりワクワクしてることが、もしかしたら仕事に繋がるかもしれないけど、そのために遊ぶんじゃだめですよ。遊ぶときは仕事を忘れなきゃ。日常生活から外れた時のエネルギーって、生命の生まれる時とすごく近い気がするんです。

先ほどの、いわば「マイナス」の部分こそを生かす、という話にも繋がりますね。

ものは、放っておくと徐々に揃っていってしまうから、わざわざバランスとって整えたりする必要なんてないじゃんって思う。

デザインはデザイナーが「しかける」というよりは、そのものが勝手に「なっていってしまう」道筋のお手伝いをすることだって思ってるんですよ。安易に「しかけ」たりしちゃいけませんよ。

SUBMITTORS 作品提供者

CLIENT クライアント

費用vs効果の高い しかけのあるデザイン
Eye-Catching Graphics

2011年2月25日　初版第1刷発行

Jacket Design

Art Director:
えぐちりか　Rika Eguchi（株式会社電通）

Designer:
今村 浩　Hiroshi Imamura（株式会社たき工房）
小牧 里　Sato Komaki（株式会社たき工房）

Producer:
小曽根裕之　Hiroyuki Ozone（株式会社たき工房）
三浦万裕　Mayu Miura（株式会社たき工房）

Photographer:
佐藤博文［Tenteng］Hirofumi Sato Tenteng（株式会社アキューブ）

Retoucher:
佐藤真司　Shinji Sato

Hair make:
冨沢ノボル　Noboru Tomizawa

Casting:
瓜生敬一郎　Keiichiro Uryu

Photo Producer:
皆川哲也　Tetsuya Minakawa（株式会社アマナ）
野美山祐介　Yusuke Nomiyama（株式会社アマナ）

Art Director:
柴 亜季子　Akiko Shiba

Designer:
佐藤美穂　Miho Sato

Photographer［Stills］:
藤本邦治　Kuniharu Fujimoto

Photographer［Images & Interview Portraits］:
藤牧徹也　Tetsuya Fujimaki（P.010, 013下, 052, 055, 117, 128, 148右下, 152下, 153右, 156下, 168左上）

Photographer［Interview Portraits］:
北郷 仁　Jin Hongo（P.056左, 057下, 079, 081, 116, 184）
松村大輔　Daisuke Matsumura（P.078, 080）

Writer［Interviews］:
木村早苗　Sanae Kimura（P.052-057, 116-119, 184-185）
安井克至　Katsuyuki Yasui（P.010-013, 078-081）

Translator:
三木アソシエイツ　Miki Associates

Coordinator:
崎野裕子　Yuko Sakino（株式会社インパクト・コミュニケーションズ）
岸田麻矢　Maya Kishida

Thanks to:
齋藤光希　Mitsuki Saito
田村 翠　Midori Tamura
諸隈宏明　Hiroaki Morokuma
川口布記子　Fukiko Kawaguchi

Editor:
根津かやこ　Kayako Nezu

発行元　パイ インターナショナル
〒170-0005　東京都豊島区南大塚2-32-4（東京支社）
TEL：03-3944-3981　FAX：03-5395-4830
sales@pie-intl.com
埼玉県蕨市北町1-19-21-301（本社）

制作協力　PIE BOOKS

印刷・製本　図書印刷株式会社

© 2011 PIE International / PIE BOOKS
ISBN978-4-7562-4070-5 C3070

Printed in Japan

Successful Renewal Designs
成功しているリニューアル デザイン

Pages: 224 (Full Color)　¥14,000 + Tax

ロゴマーク・ポスター・ショップツールといったデザインが、消費者に与える影響は多大です。デザインの成否が商品の売れ行きや企業イメージにおいて、明暗を分けるポイントとなることも少なくありません。本書では、デザインをリニューアルすることで更なるイメージアップに成功した作品を一堂に紹介。リニューアル前・後のビジュアルを併せて掲載し、デザインによっていかに成功したかを明確に伝えます。

This is the second volume to Design Ideas for Renewal in September 2007. The first impression the customers receive from a product depends greatly on the package design, wrapping tool and logo. This book covers the successful renewal cases of product packages, services, company logos and more. By comparing between before and after the renewal, the readers will see how and why each case has succeeded in the renewal of the design.

読まずにはいられない！広告デザイン

Pages: 192 (Full Color)　¥9,800 + Tax

ビジュアルと文章の相互作用を生かしたデザインは、商品の魅力を最大限に引き出すだけではなく、売り手と買い手をぐっと近づける効果があります。本書では思わず読みたくなるコピーと、それを引き立たせるビジュアルが優れた作品を約500点集めました。顧客の訴求力を即座に求められる"今"に、必携の1冊です。

※ This title is available only in Japan.

User-Friendly Diagrams
身近なダイヤグラム

Pages: 192 (184 in Color)　¥9,800 + Tax

情報をビジュアル化してわかりやすく説明するダイアグラムは、堅苦しく無機質なイメージに仕上がりがちです。本書は、身の回りにあるパンフレット・リーフレット・チラシなどの中から、魅力的で親しみやすいダイアグラムを種類別に分けて紹介します。見る人をひきつけるダイアグラムの手法とアイデアが満載の1冊です。

This book presents the diagram designs, which are easy to understand and "friendly" to you, selected from the various pamphlets, leaflets, flyers and etc. These easy-to-understand design samples would be the good tips for designing the diagrams targeting the general public.

The Next Generation: Japanese Women Designers, Photographers, and Illustrators
注目の女性クリエイター プロファイル

Pages: 208 (Full Color)　¥3,800 + Tax

ガーリーや森ガールなど、次々と時代のアイコンを作り出す女性達。独特の視点と感性でつくり上げられる世界観は、女性をターゲットとするマーケットに、欠かせないものになりつつあります。本書では、注目のグラフィックデザイナー・写真家・イラストレーターをプロファイル形式で紹介します。女性クリエイターの新人発掘に加え、最新のクリエイティブシーンを一覧できる書籍です。

This reference book focuses on promising Japanese women creators; graphic designers, illustrators, and photographers, and presents their commercial works. Each spread includes one creator's works, the individual profile and contact information in text. You can feel the power of the next generation of Japanese women creators.

Grab Attention! Flyer Designs 365 Days
売れる！魅せる！チラシ365DAYS

Pages: 256 ページ (Full Color)　¥12,000 + Tax

新聞購読者の約9割が目を通すという折込チラシ。広告不況の中でも、商品の"売り"にフォーカスしたデザインの中で、狙った顧客へダイレクトに響くチラシの強さが、いま見直されています。本書では東京・大阪で配布されたチラシの中から、ターゲットに響くデザイン性に優れた作品を業種別に紹介。顧客獲得に成功するチラシの色使い、レイアウトの傾向を効率的に俯瞰できる1冊です。

The newspaper insert flyers are still one of the strong advertisements even though the internet advertising has grown in recent days. This book features tons of the examples of the insert flyers that use the colors effectively or well layouted.

Shop Card Mania
ショップカードマニア

Pages: 224 (Full Color)　¥3,800 + Tax

ショップカードは、一目見た瞬間に店のイメージや必要な情報を伝えるためのツールであり、小さなカード1枚が構成する色や文字などのデザインで、その店に対する印象は大きく変わります。また、カードを手にすることによって、店の存在を知らせる場合やリピートを促すためのきっかけ作りにもなる重要な販促ツールです。本書では多種多様なデザインのショップカードの約500点あまりを収録し、紹介します。

This book shows about 500 samples of "shop card" which are business cards / information cards you can get at any kinds of "shops" such as boutique, cosmetic store, supermarket, in addition, restaurant, café, gallery and other business are featured. An excellent source idea book for graphic designers, marketing professional and shop owners.

Hello! UK Graphics: Graphic Design in the UK since the 1980s
ハロー！UK グラフィックス

Page: 224 (Full Color)　¥14,000 + Tax

音楽・ファッション・そしてアートなど様々なカルチャーが密接に関わりあい、インディペンデントなシーンを形成するイギリスのグラフィックデザイン界。本書は、ピータ・サヴィルやネヴィル・ブロディの登場から現在までの約30年の間で、歴史に残る仕事をしたクリエイターたちの作品を紹介します。UKデザインの歴史から、新たに起こりうるムーブメントまでを追いかけた、UKグラフィックファン待望の書籍です。

In the UK graphic design world, Music, Fashion, Art...such different cultures get closely involved with each other and create an edgy independent scene. This book introduces the graphic works by the creators who became history from 1980, when Peter Savilleto and Neville Brody appeared, to the present. Covering from the history of UK graphic design through to the newly possible movement, this will be a bible for UK graphic lovers!

デザイナーのための著作権ガイド

Pages: 208 (128 in color)　¥5,800 + Tax

例えばQ．竹久夢二のイラストを広告のビジュアルとして使ってもいいのか？ Q．自分で撮影した六本木ヒルズの外観写真を雑誌広告として許可なく使えるのか？→答えはすべてYESです。※但し、個別のケースによっては、制限や注意事項があります。詳しくは本書籍をご覧ください。クリエイティブな仕事に携わる人が、知っておけば必ず役に立ち、知らなかったために損をする著作権をはじめとした法律や決まりごとがQ&Aですっきりわかります。

※ This title is available only in Japan.

装飾活字
アンティークフレーム＆パーツ素材集（CD-ROM 付）

Page: 128　¥3,500 + Tax

装飾活字とは、活版印刷時代に作られた草花の図案を
象った活字のことで、古くは 15 世紀から、ヨーロッ
パの書物や印刷物を美しく彩ってきました。はんこの
ような活字を1つ1つ組み合わせて印刷するという当
時の印刷技術の特徴から、上下左右のどの組み合わせ
で組んでも美しいデザインになるように作られていま
す。この特性をそのまま生かし、高品質なデジタル素
材としてデータ化しました。今までにないクオリティ
を実現し、プロ・アマチュアを問わず、幅広いニーズ
に応えます。

※ This title is available only in Japan.

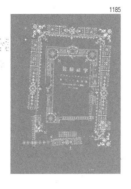

情報満載のパンフレットデザイン

Page: 192 (176 in Color)　¥9,800 + Tax

低予算で商品やサービスの機能を確実に伝えられるパ
ンフレットやチラシは、魅力的な広告媒体のひとつで
す。本書では、伝えるべき様々な情報を限られた誌面
の中で整理し、読みやすくなるように工夫されたパン
フレット・チラシをご紹介します。いま求められてい
る情報の伝え方、デザインのあり方がわかる1冊です。

※ This title is available only in Japan.

Shop Image Graphics in Scandinavia
ショップイメージ グラフィックス イン 北欧

Page: 192 (176 in Color)　¥9,800 + Tax

自然素材を活かした家具やカラフルなパターンが人気
の北欧デザイン。日本でも、北欧風のカフェやインテ
リア雑貨などが多くオープンしています。本書では、
自然を感じさせるナチュラルテイストのショップから
北欧らしいパターンを活かしたインテリアやツールな
ど、スウェーデン・デンマーク・フィンランドの最新
ショップとツールのデザインを紹介します。

Growing the interest of ecology, people all over the world follow the
Scandinavian countries as the role models for earth-friendly life. People in
Scandinavia respect the nature and try to sustain it forever. It is obvious to
say that the designers trace its sprit to their design such as the patterns of
the motifs of leaf and flower, wooden furniture, and etc. Shop Image
Graphics in Scandinavia introduces the interior and exterior including the
identity design, which must feel you warm and cozy.

Paper & Cloth: Ready-to-Use Background Patterns
紙・布・テクスチャー素材集（DVD-ROM 付）

Page: 128 (Full Color)　¥2,800 + Tax

デザインをするときに意外に必要なのが、背景に敷い
たり、見出しに使ったりする、紙や布などのテクスチ
ャー素材。あったらとても便利だけれど、自分でスキ
ャンして作るのは面倒くさい…。そんなニーズに応え
た待望のデジタル素材集です。シンプルだけれど、雰
囲気のよい「使える」素材を豊富なバリエーションで
収録しました。

This is a resource book including more than 300 materials of paper and
cloths patterns, which will be usefully used for the design of background.
All date is on attached CD-ROM with JPEG and PNG image. The included
materials such as paper, cloth, tape, and label are very simple and casual
in good taste that designers can arrange them variously into their design
works. Some examples of using these materials will be also shown so that
the designers can get the inspiration for their creative works.

ミックスコラージュ素材集

Page: 128 (Full Color)　¥2,300 + Tax

DM や案内状、POP など、はじめてでも簡単にかわ
いく作れちゃう、便利なデジタル素材集。カードや封
筒にアレンジしたり、プレゼント用のボックスやラッ
ピングに使ったり、楽しい作例も満載です。DM・ポ
スター・エディトリアルデザイン・web デザインな
どの商用利用も可能です。

※ This title is available only in Japan.

Corporate Brochure Designs
世界の企業案内グラフィックス

Page: 224 (Full Color)　¥12,600 + Tax

本書では、パターンを効果的に使用しているポスター・
フライヤー・DM・パンフレットをはじめとして、ショ
ップイメージやツール・プロダクトなどを特集しま
す。花・植物・幾何学・波・水玉など、見る人に強い
印象を与えるパターンデザインを掲載。グラフィック
デザイナーだけでなく、空間デザイナー・テキスタイ
ルデザイナーなど、幅広いジャンルにおいてアイデア
ソースとなる1冊です。

Newest brochures and annual reports for enterprises and various facilities
from many countries are presented in this single volume. Such practical
information as size, format, table of contents, and the design concept of
each work is also included. As a reference for those graphic works and the
trends of graphic design, this is a must-book for graphic designers of all
levels. Works are grouped by industry.

カタログ・新刊のご案内について
総合カタログ、新刊案内をご希望の方は、下記パイ インターナショナルへ
ご連絡下さい。

パイ インターナショナル

TEL：03-3944-3981　FAX：03-5395-4830
e-mail：sales@pie-intl.com

CATALOGS and INFORMATION ON NEW PUBLICATIONS
If you would like to receive a free copy of our general catalog
or details of our new publications, please contact PIE International Inc.

PIE International Inc.

FAX +81-3-5395-4830
e-mail: sales@pie-intl.com